5つの学習習慣

驚くほど子どもが勉強しはじめる

札幌市立羊丘小学校校長
横藤《よこふじ》雅人《まさと》［著］

合同出版

読者のみなさまへ

家庭学習の場面で、親がつい口走ってしまうことばが2つあります。ひとつは「勉強しなさい！」で、もうひとつは「何度いえばわかるの！」です。

自分から学習しない子どもをなんとかしようとして「勉強しなさい！」と注意しますが、それが一向に効果をあげないことへのいらだちが「何度いえばわかるの！」という叱責となって表れるのです。

しかし、この2つのことばによって子どもが自ら学習するようになることはまずありません。強く叱れば、子どもは一時的に机に向かうかもしれませんが、ほとぼりが冷めれば元の木阿弥です。ということは、「勉強しなさい！」「何度いえばわかるの！」は、作戦として間違っているのです。

では、どうすればよいのでしょう。

子どもが自然に学習するようにうまく導いている家庭があります。それらの家庭に共通するのは、「勉強しなさい」といったことがないということです。わが家でも、子どもに

「勉強しなさい」といったことは一度もありません。それでも3人の子どもたちは、そこそこ自分から机に向かうようになりました。

このように話すと「それは生まれつきの性格なのでしょう」といわれることもありますが、そうではありません。自ら学習する子どもに育てる「別の考え方と方法」があるのです。

この本には、その「別の考え方と方法」をたっぷりと紹介しました。どれも、小学校教師である私が実践し、受けもった子どもの保護者に伝え、効果のあったものばかりです。どうぞ、できそうなところからひとつずつ、楽しみながらためしてみてください。

「そういえば最近、子どもが自分から勉強するようになったかも」と感じる日がきっとくるでしょう。「何だか、子どもとの距離が縮まったかも」と感じていただけたとしたら、筆者としてこれ以上の喜びはありません。

もくじ

習慣その1 学習環境を整える 11

習慣その2 基礎的な学習技術を育てる 35

習慣その3 子どもの学習につき添う 59

習慣その4 学習効果を高める工夫 81

習慣その5 子どもをその気にさせるひとこと 103

デザイン／岡田恵子（ok design）　イラスト／あらきあいこ

家庭学習チェックシート

以下の項目を読んで、よくできていれば◎、まあまあなら○、できていなければ×をつけます。最左列の１～５は本書の各章に対応しています。○や×が多かったところは、その章を参考にしてみてください。

1	①いろいろな場所で、自然に学習している	
	②子どもが部屋に長時間こもることはない	
	③本が好きで、自分から読んでいる	
	④学習机の上や中はよく整理されている	
	⑤食事や読書、家庭学習の時間にはテレビを消している	
2	①読み書きするときには腰が立って（伸びて）いる	
	②鉛筆や定規などの学用品を正しく使っている	
	③ノートはていねいに書き、最後まで使い切っている	
	④一定時間集中して学習に取り組んでいる	
3	①家庭学習中は親もそばで読み書きしている	
	②学習内容やテレビ番組などについて親子で話すことがよくある	
	③家族や友だちと学習することが好きだ	
	④学校からもち帰った作品は、進んで見せてくれる	
4	①わからないことがあったら、ものを使ったり絵を描いたりして考えている	
	②大体正しい筆順で文字を書いている	
	③教科書をはきはきと声に出して読んでいる	
	④自由研究で困ることはない	
5	①学習することの意味や将来への願いをよく語り合っている	
	②子どものやる気をつぶすことは少ないほうだ	
	③「わからない」といわれても怒ったりはしない	
	④テストの点数にはあまりこだわらない	
	⑤家庭学習中に親子でよく笑うことがある	
	⑥家庭のルールはよく守っているほうだ	

習慣 その

1 学習環境を整える

「子どもは環境を吸収する」といわれます。学習する場所、学習机の役割と使い方、子ども部屋の役割と場所、学習道具の選択、本の置き場所など、学習環境を整えることが大切です。

1 適した場所で学習する

「学習は学習机で」とかたくなに考えていませんか。大事なのは、机に向かうことではなく、集中できる環境で学習することです。

たとえば、新聞の切り抜きを学習机でするのは無理があります。新聞を広げただけで、机の上はいっぱいになってしまいます。水彩絵の具で絵を描くのにも、学習机は向いていません。食卓テーブルの上、あるいは広い床の上でするほうが効率的です。

詩歌の暗唱などは、いすに座ってするよりも、ぶつぶつといいながら外を歩き回るほうが効率的です。作文の内容を練るのも、静かな散歩道を歩きながらのほうがよいアイデアが浮かびます。ゆったりと歩くことは、交感神経を活性化させ、思考力や判断力を高めるといわれます。家の近くに自分だけの「哲学の道」を探すのもよいでしょう。

学習内容に適した場所はどこか、柔軟に考え、子どもに提案してみてください。

学習に適した場所

5×2=10
5×3=15
5×4=20

学習内容・活動	学習場所	備考
・本を読む	・食卓テーブル ・ソファ ・トイレ	
・ノートを取る ・作文を書く	・学習机 ・食卓テーブル	入門期は食卓テーブル、だんだん机へ
・大きなものを広げる ・絵本を読む（読み聞かせ）	・床 ・ソファ ・食卓テーブル	
・暗記 ・暗唱	・トイレ ・外を歩きながら	学年に応じて「漢字一覧」や「地図」「暗唱詩文」などを貼るとよい
・考えをまとめる ・自然の観察	・外（散歩道） ・公園など	交通事故には十分に注意する
・辞書を引く	・居間 ・寝床 ・テレビの近く	寝床にも辞書を1冊置いておくと便利
・親子で話し合う	・居間、食卓テーブル	飲みものとおやつがあると会話も自然とはずむ

2 食卓テーブルでも学習させる

子どもが「食卓テーブルで勉強したい」といったら何といいますか？

「自分の部屋でやりなさい」と追い返してはいけません。まだ、自立して学習する力が十分に身についていないからです。

子どもは、自分の部屋でひとりで着替えたり、ひとりで寝たりすることから、ゆっくりと自立の練習をはじめます。子どもが小学生のうちは、むしろ、学習は食卓テーブルで家族といっしょにするというルールにしたほうが、しっかりと学習習慣ができます。

親の目が届くところで学習させれば、いすの腰かけ方や姿勢、教科書や鉛筆のもち方、ノートを置く位置など、たくさんのことを教えることができます。また、区切りの時間で片づけるという習慣を自然に身につけさせることもできます。

食卓テーブルで学習させれば片づけの習慣も身につく

授業が終わり、休み時間に入る前、机の上の消しゴムかすをきちんと集めてゴミ箱に捨てる子どもがいました。そのことをほめると、その子は毎日夕食前に食卓テーブルで学習をしていて、学習を終えた後はテーブルの上をきれいに片づけるのが日課になっていると教えてくれました。日ごろの習慣が学校でも自然に出ていたのです。このように、食卓テーブルで学習することで、片づけの習慣も自然に身につけさせることができます。

ただし、いすの高さには注意が必要です。食事に適した高さと学習に適した高さは違います。学習をするときには、座布団などを敷いて座面を高くするなどして、腰が立つ（伸びる）ようにします（36ページ参照）。テレビはかならず消します。外の景色で気が散らないように、レースのカーテンを閉めます。

3 学習机は居間に置く

勉強机は子ども部屋に置く家庭がほとんどです。しかし、子ども部屋に置かれた勉強机が親の思惑どおりに使われることはほとんどありません。

机の上はマンガだらけ。引き出しのなかは紙くずだらけ。親とすれば、何のために学習机を買ってやったのだといいたくなります。

でも、学習机を与えたその日から、ひとりできちんと使いこなして勉強できる子どもなどいません。

発想を変えます。

まず、学習机は収納スペースだと考えます。そして学習机を買ったら、子ども部屋ではなく、しばらくは居間の隅に置きます。そして、何をどこにどのようにしまうかをしっかり身につけさせてから、子ども部屋に移すのです。

親が見守るなかで、机から勉強道具を取り出し、居間で学習し、学習が終わったら元の場所にしまいます。このくり返しで、「自分の場所」への愛着と片づけの習慣が身につき、やがて、自分の部屋でひとりで学習する力が育ちます。

4 子ども部屋は「貸す」

「きょうからここがあなたの部屋ですよ」とだけいって子ども部屋を与えていませんか。これでは、子どもは部屋を好き勝手に使っていいのだと勘違いします。その結果、部屋はすぐに乱雑になり、落ち着いて学習する環境からほど遠くなっていきます。

そうならないためにも、最初のひとことがとても大事です。

「あなたも○年生になったのだから、そろそろ自分のことは自分でできるようになっていかなくてはならない。そのために、この部屋と家具を貸します。上手に使って、自分でできることを増やしていこう」というのです。

肝心なことは、部屋は「あげる」のではなく「貸す」のだということを、子どもにはっきりと伝えることです。

貸すのですから、親はいつでも子ども部屋に入ることができます。使い方がよくない場合は、強く指導もできます。また、借りたものだから大切に使おうという心が育ちます。

きょうからここが
あなたの部屋ですよ
×
え～、ぼくの部屋だから
いいじゃ～ん
少しは
片づけなさい

あなたに貸すから
自分でできることを増やしていこうね
ちょっと汚いね
まだ1人じゃ
使えないかなあ？
片づけ
まーす

5

適度に狭く、明るすぎない部屋を貸す

子ども部屋は、できるだけ広くて明るいほうがよいと思っていませんか？

しかし、子ども部屋がいちばん広くて立派という家庭からは、よく学ぶ子はなかなか育ちません。なぜでしょう。

ひとつ目は、立派な子ども部屋を用意してしまうと、親（とくに父親）のスペースが確保できなくなってしまうこと。親が自分のスペースで仕事や趣味に向かう姿を見せることは、子どもに自分のスペースでの過ごし方のモデルを与えることです。子どもは、モデルがないと自分の部屋をどのように使ったらよいのかを学べません。

ふたつ目は、広くて明るい部屋は大人には快適でも、子どもにとってはかならずしもそうではないということ。子どもは少し狭

はじめての子ども部屋に適した場所

- 広すぎない場所。少し狭いくらいがよい。
- 光がまぶしくない場所。北側の部屋は落ち着きやすい。
- 奥まっていない場所。お互いに気配が感じられる。
- テレビなどの音でうるさくない場所。

くて暗い場所が好きです。そして、家族の気配を感じられるところが落ち着くのです。

ですから、できるならば、まずは親のスペースを確保し、子ども部屋は少し狭めで、あまり明るすぎない場所をあてがいます。そこで落ち着いて過ごせるようになってから、広めの部屋を与えましょう。ただし、暗すぎるのはいけません。スタンドライトを手元に置きます。

6

子ども部屋で子どもを孤立させない

子ども部屋を与えるのは、何のためでしょうか。

それは、子どもを「自立」させるためです。ひとりで寝たり、着替えたり、学習したりする場を用意することで、やがて家族から自立していくための練習をさせるのです。

ところが、子ども部屋が子どもを「自立」ではなく「孤立」させる場になってしまっていることが多いのです。子どもが思春期のころから部屋にこもりがちになってしまうのは、子どもを「自立」させることに失敗して「孤立」させてしまったからです。

自立した状態と孤立した状態はまったく違います。「入って来ないで」と家族が部屋に入るのを拒否するようになったら、要注意です。

ある子が部屋にこもりがちになりました。その子の父親は、明かり窓のない鍵つきのドアを思いきって取り外し、カーテンに変えました。テレビも撤去しました。子どもはもちろん猛反発しましたが、父親は「家族のあいだで鍵をかけるのはおかしいと思う。テレビも居間でいっしょに見たい」とゆずりませんでした。子どもはしばらく不機嫌でしたが、やがて、家庭に明るい時間が戻ってきました。

これでは孤立

子どもの「孤立」サイン

- 帰宅すると、あいさつもせずに自分の部屋に直行する。
- 食事以外は部屋のドアの鍵をしめて閉じこもる。
- ドアをノックしても返事がないことがある。
- 本人がいないときに親が部屋に入ると怒る。
- 掃除をしない。家族が掃除をするのも嫌がる。

7

家庭学習の道具セットを用意する

採点しようと、親が赤ペンをごそごそと探していたら、子どもの集中力が途切れてしまったということがあります。

よく使う道具を箱にまとめて、いつでもさっと取り出せるようセットにしておくと、むだな時間が省け、子どもの集中力をそぐことがなくなります。

道具セットの箱は、Ａ４サイズのプリントが入る大きさで、深さは５センチメートル以上あると便利です。お菓子の空き箱などで十分です。箱に何を入れておくかは、学年に合わせて工夫します。左の一覧を参考にしてください。

■箱の大きさ

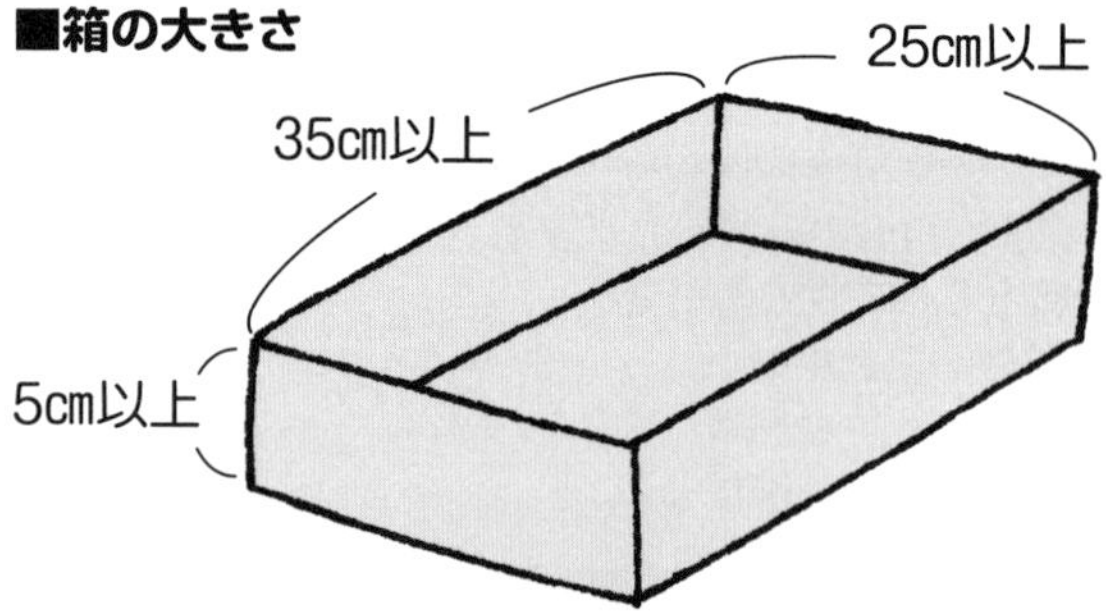

家庭学習の基本の道具セット

■全学年、1年中必要な道具

鉛筆
消しゴム
赤ペン
直線定規
うら紙（メモ用紙）
付《ふ》箋《せん》紙（サイズを数種類）
セロハンテープ
のり
クリップ
ホチキス
はさみ
カッター
電卓
キッチンタイマー
シール
スタンプ
クリアファイル
辞書（電子辞書）
デジカメ

■学年や単元に応じてあると便利なもの

単語帳
コンパス
分度器
グラフ用紙
五線譜

すぐに取り出せるよ
のり

8

こんな学用品は買い与えない

アニメキャラクターの形をしたカラフルな匂いつき消しゴムがあります。買ってもらった子どもは大喜びしますが、その興奮はすぐに覚めます。そうなると、この形や色、そして匂いは学習の妨げになるだけです。

まず、消しゴムを使えばキャラクターの頭や手足がすり減り、それが気になります。細くなっているところが千切れたりもします。匂いが気になり、授業中に何度も鼻にもっていきます。そうして気を取られているうちに、授業の内容や友だちの発言を聞き逃します。

練り消しゴム、きらきら光る鉛筆やペン、虫メガネがついた定規、ボタンやふたがたくさんついた筆箱……。これらはすべて学習への集中を妨げます。

学用品は質がよく、余計な飾りのついていない質素なものを選びます。そして、ひとつひとつにきちんと名前を書かせ、大事に使わせましょう。

学用品への愛着は大事に使った結果わいてくるものなのです。

ボタンやふたがたくさんの筆箱
キャラクター消しゴム
わーい楽しそう!
きらきらしたペン
虫メガネ
頭もげちゃった
おもしろーい
パタ
パタ
ぼくにもやらせてー
授業聞いてるかー?

9 家のあちこちに本を置く

学習習慣が身についている子は、ほぼ例外なく本好きです。本好きな子にするには、どうしたらよいでしょうか。

家庭訪問をすると、本好きの子の家には、かならずあちこちに本が置いてあることに気がつきます。子ども部屋はもちろん、居間にも本棚があります。トイレや階段の踊り場などにも何冊かの本が置いてあったりします。この「あちこちに」というのが、とても大事なのです。いろいろな場所で、いつでも本をひらくことができるからです。

たとえば、テレビを見ていて、どこか外国の地名が出てきたという場合、そばに地図帳や地球儀があれば、すぐに調べることができます。むずかしいことばやわからないことばが出てきたときにも、辞書があればすぐに調べることができます。

食卓テーブルに家族みんなが集まっているときに、パズルの本がそばにあれば、みんなで楽しむ時間が生まれます。本だけではなく、インターネットにつながったパソコンが居間にあるのも、すぐにいろいろなことを調べられてとても便利です。

あちこちに本を置く

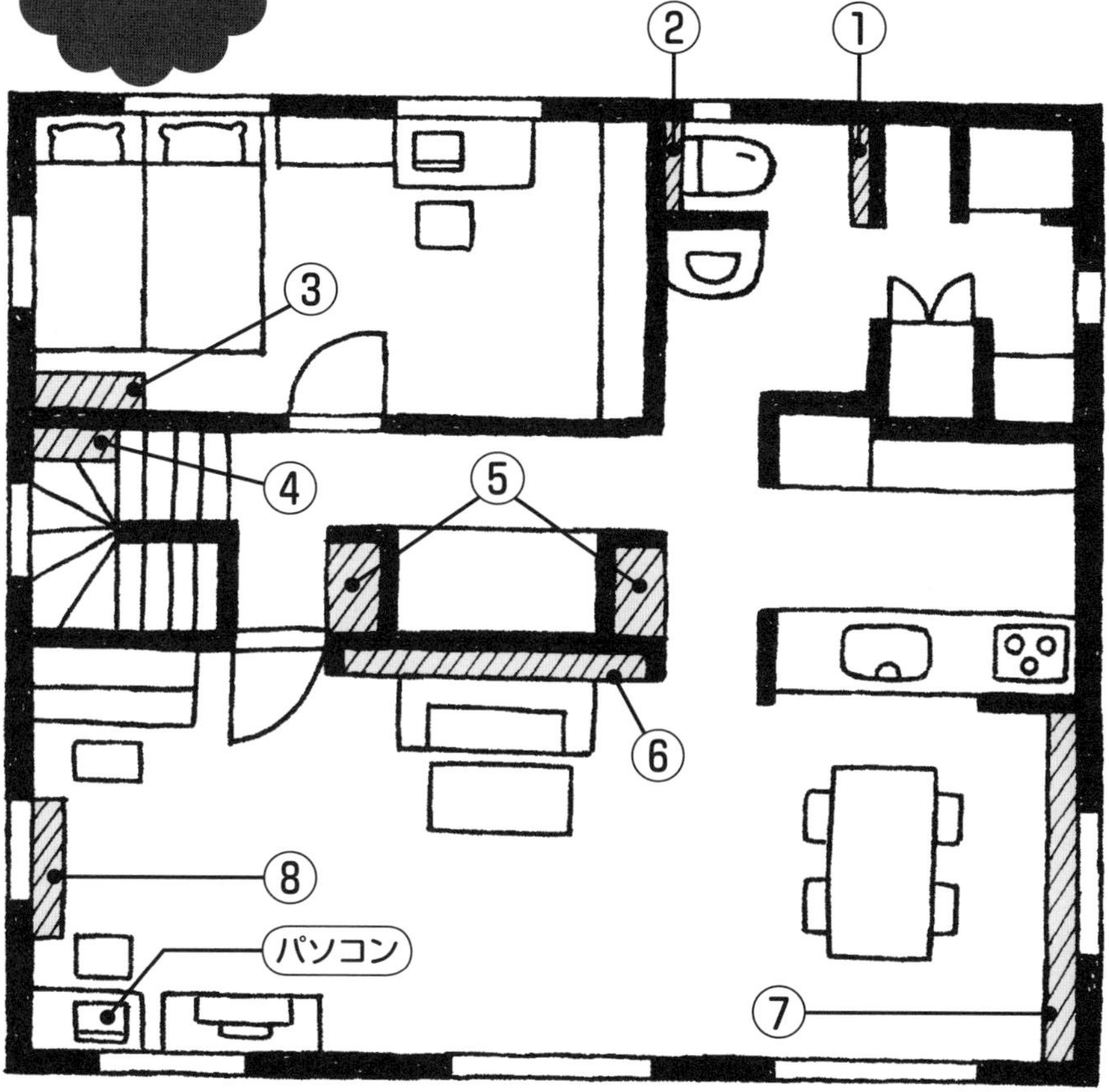

①九九カード、漢字表、地図など
②クイズやパズルの本など
③寝る前の読み聞かせの本
④インテリアにもなるかわいらしい絵本
⑤大人用の小説、マンガ、DVD
⑥地球儀や地図帳、辞書類
⑦旅行雑誌、パズルの本
⑧子ども用の絵本や物語

10

本はすぐに使えるようにしておく

毎日使うものは「1の場所」、毎日ではないがよく使うものは「2の場所」、たまにしか使わないものは「3の場所」にしまうという「収納の法則」があります。

「1の場所」とは1回の手間で出せるという意味です。たとえば、毎日かならず使うハンカチがポケットにあれば「手をポケットに入れる」という1回の手間で出せますが、カバンにしまっておくと、「カバンをあける」「ハンカチを出す」というように、2回の手間がかかってしまいます。たまにしか使わないのりは、「道具箱の場所まで行く」「道具箱をあける」「キャップをあけてのりを出す」ので「3の場所」というわけです。

本好きの子が育つ家では、よく読む本はきまって「1の場所」にあります。ガラスの扉がついた本棚は「2の場所」です。扉をあけ

1の場所
すぐ取り出せるね

2の場所
ドアをあける手間がかかるなあ

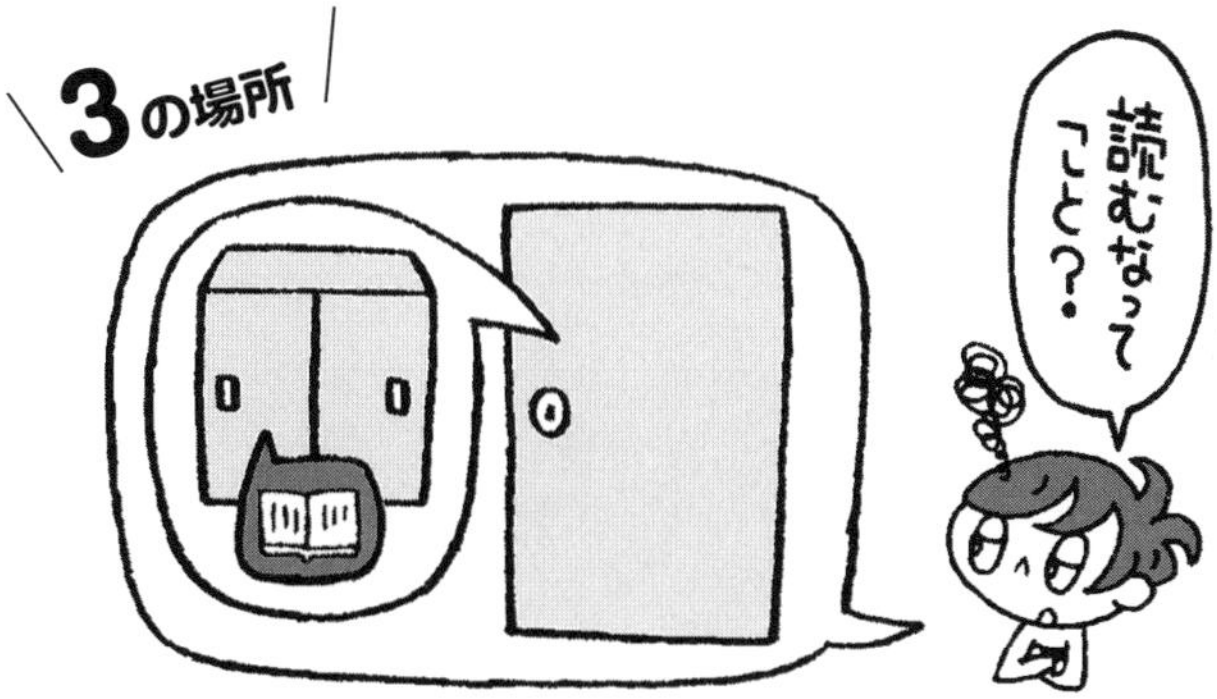
3の場所
読むなってこと？

るという余計な手間がかかるからです。したがって、よく読む本を置くのには向いていません。ましてや、離れた部屋の戸棚のなかにしまうのは、「読むな」というのと同じです。

ケース入りの辞書類は、購入後すぐにケースを捨ててしまいます。ケースから出す手間を省くためです。ちょっとしたことですが、ケースの出し入れがあるのとないのとでは、辞書の使用率に大きな違いが出ます。

11 テレビを消す

家族でテレビを見て感想を話し合ったり、いっしょにクイズを解いたりすることは、家族にとってかけがえのない時間です。新しいことばを「どういうこと？」と親に聞いたり、地名を「どこだろう？」と地図帳で調べたりするなども生きた学習の機会です。

しかし、テレビがつきっぱなしの家庭からは、学習が好きな子は育ちません。少なくとも、食事の時間と子どもが学習をする時間だけは、何があってもテレビを消すべきです。どんなにためになるよい番組であろうが、どんなに家族が楽しみにしている番組であろうが、テレビをつけっぱなしにしていることで失うものは、その番組から得られる知識より多いということに、気づいてほしいのです。

テレビは一方通行です。相手が聞いていなくても、情報をどんどん流しつづけます。これが、子どものコミュニケーションの力や考える力を奪います。幼少期にテレビが長時間ついている家庭では、子どもの言語の獲得が遅れ、多動傾向になるという研究もあります。もし子どもが親の話をきちんと聞けないようならば、断固テレビを消すことです。

食事のときも

学習のときも

ヨコさんのQ&A

Q いまと昔では教え方が違うので、どう教えてよいかわかりません。そもそも、親が教えてもよいのでしょうか。

A どんどん教えてください。教えてから聞けばよいのです。「で、いまはどうやって教えてもらっているの？」と。

Q ドリルを買ってやるのはどうですか？

A お子さんが自分で選んだのなら、学習ドリルをするかもしれません。でも、親が勝手に選んだものは、まずしません。いっしょに書店にいき、親のお眼鏡にかなったもの２、３種類のなかから子どもに選ばせるのがよいでしょう。この方法は、本を買うときにも使えます。

Q 予習はさせたほうがよいのでしょうか？

A 学校の方針にもよるでしょうが、私はどんどんさせたほうがよいと考えています。ただし、子どもが「家でやったから、学校では真剣にやらなくてもいいや」と思っては困ります。そのあたりを見極めることが大事です。

Q 家庭学習の相談を学校の先生にしてもよいのでしょうか？

A 担任の教師を上手に活用しましょう。とくに若い教師は、上手に活用されることで力量を高めていきますし、何より保護者から頼りにされることはうれしいものです。何も失礼なことではありません。

ただし、「親のいうことは何も聞かないので、先生から叱ってやってください」などと頼むのはいけません。これは単なる責任転嫁ですし、絶対にうまくいかないからです。

なかには、ちょっと相談しにくいと感じる教師もいることでしょう。しかし、そんな教師とも心を通わせようとする親の姿勢は、子どもをとても安定させます。それも教師活用法のひとつです。

Q もっと小さなころから取り組まないとだめですよね？　もう手遅れですよね？

A いいえ。思い立ったときこそが「最適のとき」なのです。そう考えられる親だけが子どもを変えることができます。

習慣その

2 基礎的な学習技術を育てる

学習には鉛筆、定規、ノートなど、さまざまな道具を使います。これらの学習道具が正しく使えると、学習効果がとても上がります。学習の基礎的技術を身につけさせます。

12 腰を立てていすに腰かけさせる

長い時間、同じ姿勢で学習すると、首や肩や背中、腰、腕などが疲れます。しかし、脳はいくら使っても疲れないといわれています。

最近は、姿勢の悪い子が多く、なかには就学前の幼児が肩こりを訴える場合もあると聞きます。これでは、自ら学習する習慣など身につくはずがありません。

いすの高さをこまめに調整することを親の仕事にしましょう。高さ調整ができないいすでも、座布団や板などで調整ができます。

高さを調整するときには、まず子どもに腰骨を立てさせます。これを立腰《りつよう》といいます。そして、両足の裏が床にきちんとついているか、ひじを軽く曲げて机の上に置いたときに、前腕が床と平行になっているかを確かめます。ほどよい高さに調整したら、「これで、ちゃんと腰を立てて腰かけられるね。よかったね」と声をかけます。こうして子どもによい姿勢を意識させ、だんだんと身につけさせていきます。

立腰によって、脳に送られる血液の量が増え、内臓にかかるストレスがぐっと少なくなります。それにより、頭の回転がよく、健康で素直な子に育っていきます。よい姿勢は一生の宝です。

いすの高さがよい姿勢のポイント

ぴしっ
首も楽に伸びる
肩や胸の力は抜く
前腕が床と平行になるように
立腰
おなかが楽になる
両足がかかとまできちんと床につく
おなかと机はこぶし1つ分あける
高さ調節は座布団やいすの下に板をはさむなどでOK

13

鉛筆のもち方を教える

鉛筆のもち方は、つぎのように教えます。

●準備

・はさみや包丁、カッター、ホチキスなど手で使う道具

・筆記用具と紙

●教え方

①5本の指のはたらきを確認する

手の5本の指でいちばんの力もちは親指、そのつぎが中指です。まず、このことを子どもと確認します。つぎに、いろいろな道具が親指と中指で操作できることを、はさみや包丁、ホチキスなどを使って示します。そして、人さし指は親指と中指でもった道具の方向を指すはたらきをしていること、だから人さし指という名前がついていること、薬指と小指は軽く握って手首を安定させるはたらきをしていることを教えます。

②箸やほかの道具ももってみる

箸のもち方も基本は鉛筆と同じです。そのほか、コップ、歯ブラシなど、手でもつものならば、ほとんどすべての道具は親指と中指の2本でもてることを確かめます。

③鉛筆をもたせる

鉛筆も親指と中指だけでもつことができることを、実際に2本の指だけで線を書きながら教えます。子どもにもまず2本の指で書かせ、ある程度スムーズにできたらほかの指も添えてみて、2本だけで書くときよりも安定することを確認します。

④あとは日々根気強く

根気よく正しいもち方が身につくように日々点検と励ましを続けます。やさしく、粘り強く点検し、励ますことは、そう簡単ではありません。親が根負けし、「何回いったらわかるの!」などと感情的に指導してしまえば、そこで子どもの可能性がひとつ閉ざされます。

学校で鉛筆のもち方の指導をするときには、おおよそ半年かけます。毎日授業時間や給食時間に声をかけて半年です。それくらいかかるのが当然だと思って、気長に取り組みましょう。

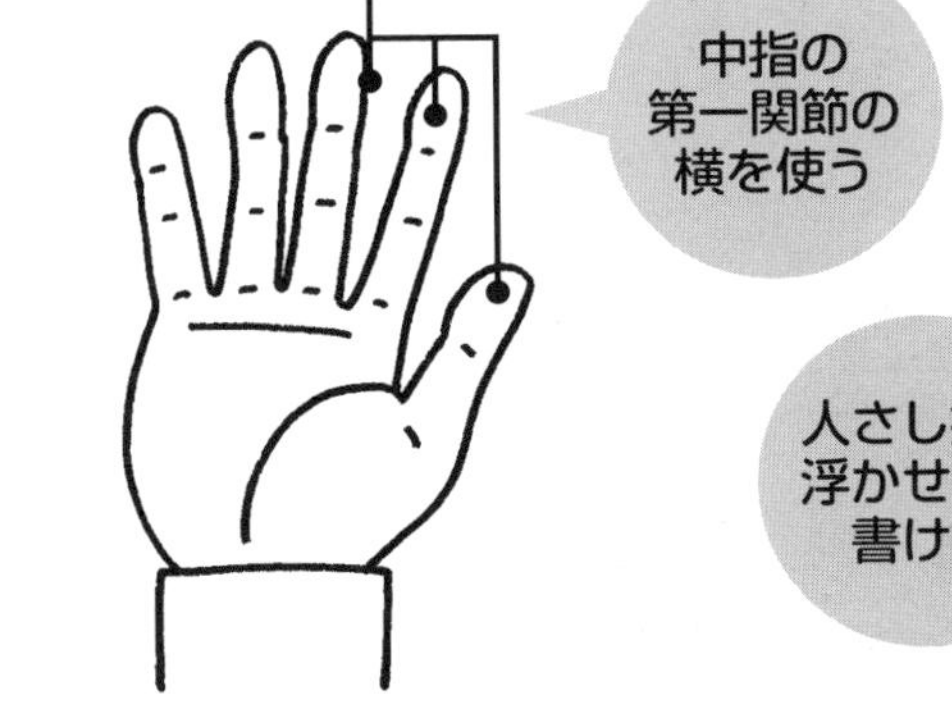
鉛筆が触れるポイント
中指の第一関節の横を使う

2本の指でもてる!
人さし指を浮かせても書ける

14 辞書や事典に親しませる

辞書や事典に親しませることは、生涯にわたって学びつづける力をつけることにつながります。子どもを辞書や事典に親しませるための工夫をご紹介します。

❶本の箱やカバーは、すぐに捨てる

箱に入れたままだと、すぐに調べることができません。箱から出してあれば、「1の手間」（30ページ）で使うことができます。

❷何冊か用意して、いろいろなところに置く

辞書が1冊しかないと、その場所以外で調べるのがついおっくうになります。居間に1冊、勉強部屋に1冊、枕元にも1冊というようにいろいろなとこ

ろに辞書があると、すぐに手に取ることができるので便利です。とくに、テレビや新聞を見ているときに、そばに辞書や事典があればとても便利です。

❸付箋《ふせん》をつける

調べた項目のページには日付を書いた付箋をつけます。付箋が増えていくと、調べたことへの実感が得られ、子どもはますます調べることに意欲的になります。

❹調べた項目の近くも見るようにする

調べたいことばや項目だけでなく、その前後も読んでみます。似たことばや、類似の内容、意外な情報に接することができます。

❺電子辞書もおすすめ

軽く、どこにでももち歩け、一度に複数の辞書を引くことができるなど、とても便利です。一家に1台あってもよいでしょう。

15

定規やコンパスの使い方を教える

高学年や中学生になっても、定規でまっすぐに線を引けない子どもがいます。コンパスは、小学校3年生で使いはじめますが、うまく円を描けない子どももいます。

●定規でまっすぐ線を引く方法

まず、立腰《りつよう》。腰を立てないと、定規をしっかりと押さえることができません。つぎに、脇を軽くしめて、おへその前で利き手でないほうの指を広げ、指先で短めの定規をしっかりと押さえさせます。このとき、「つめの先が白くなるくらいしっかりと押さえなさい」と教えます。利き手の反対側から利き手側に向かって鉛筆を軽く動かして線を引きます。最初は長さ10センチメートルくらいの線で練習するとよいでしょう。

●コンパスできれいに円を描く方法

まず、下敷きをはずします。つぎに、針を垂直に立てて描けるように針と鉛筆の芯の長さを調整します。腰を立て、針を垂直に立てます。親指と人さし指の2本の指で、コンパスの頭を上からつまむようにしてもち、時計の6時の位置から時計回り（左利きの子は反時計回り）にゆっくりと描きます。線がかすれても気にせず、指をすべらせるように一気に描ききります。手首でひねってはいけません。針がずれないように注意します。何度も練習して、力加減を覚えます。

定規で
線を描く
肩の力を抜く
利き手の側に
向かって軽く引く
立腰
つめの先が白く
なるくらいしっ
かり押さえる
脇は軽くしめる
両足をつける

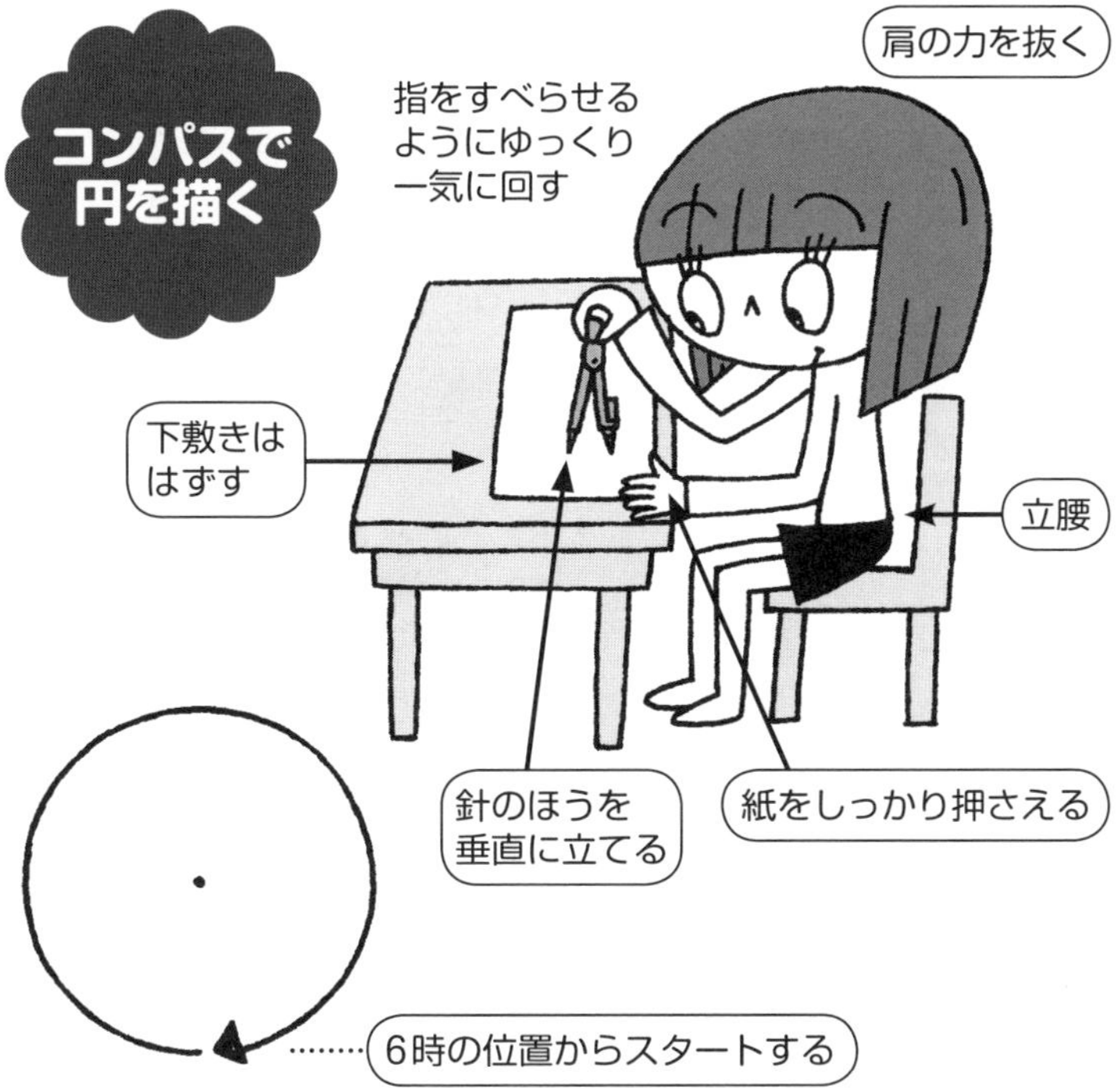
コンパスで
円を描く
肩の力を抜く
指をすべらせる
ようにゆっくり
一気に回す
下敷きは
はずす
立腰
針のほうを
垂直に立てる
紙をしっかり押さえる
6時の位置からスタートする

16

子どものノートがきれいになるアドバイス

学習習慣の自立や学力向上をめざす近道は、ノートをきれいに書かせることです。

でも、ただ「きれいに書きなさい」「ていねいに書きなさい」といっても、子どもは何をどうすれば「きれいに」「ていねいに」書けるのかわかりません。具体的にアドバイスします。

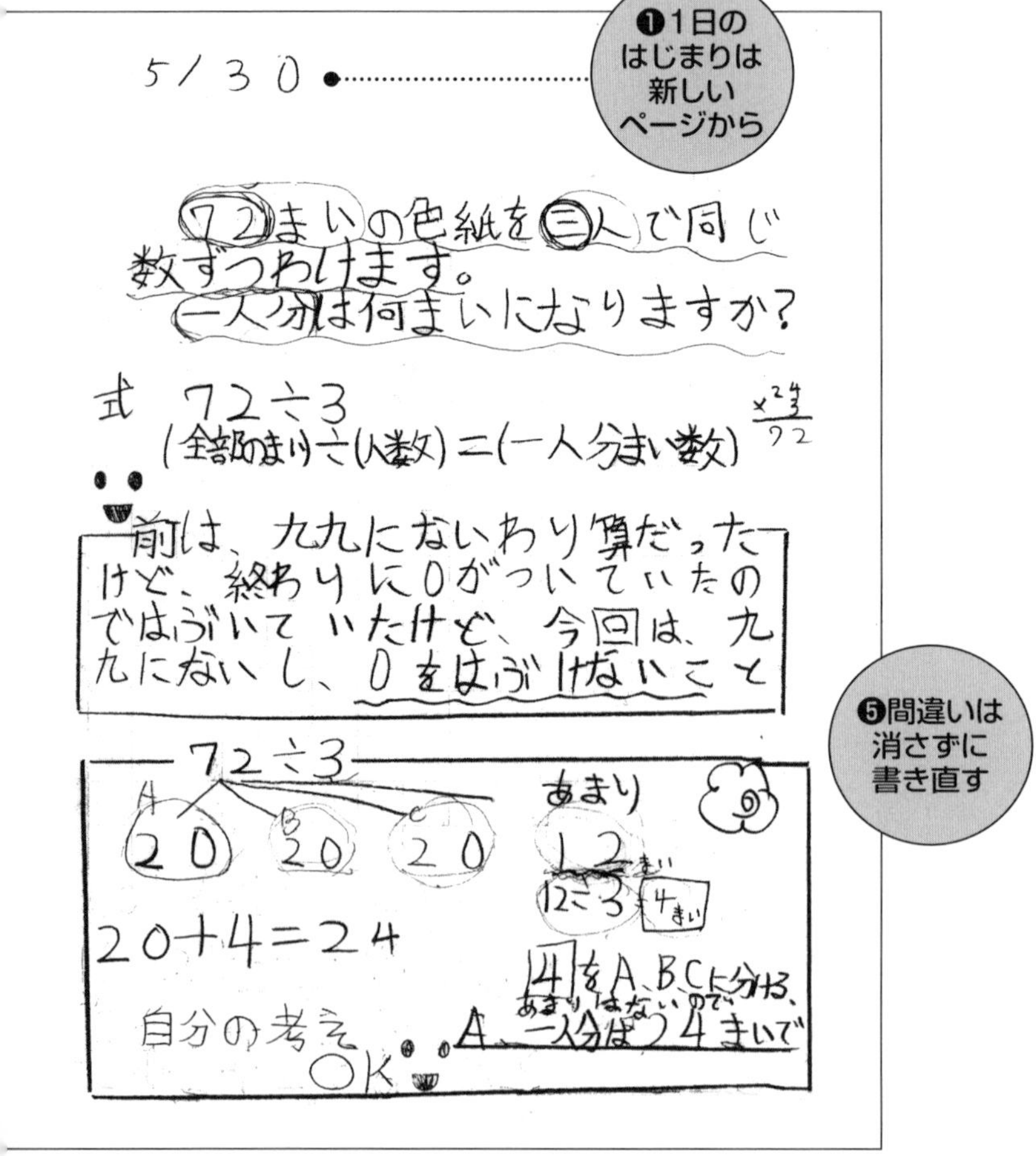
❶1日のはじまりは新しいページから
5/30
72まいの色紙を三人で同じ数ずつわけます。
一人分は何まいになりますか？
式 72÷3
(全部のまい数)÷(人数)=(一人分まい数)
前は、九九にないわり算だったけど、終わりに0がついていたのではぶいていたけど、今回は、九九にないし、0をはぶけないこと
72÷3
あまり
20 20 20 12まい
12÷3 4まい
20+4=24
4をA、B、Cに分ける、あまりはないので
A 一人分は24まいで
自分の考え OK
❺間違いは消さずに書き直す

これならきれいにかけるね

ノートをきれいに書くこつ

❶ 1日のはじまりは新しいページから
❷ あいだは指1本分あける
❸ 線は定規で引く
❹ 論理的なつながりを矢印で表す
❺ 間違いは消さずに書き直す
❻「あ、そうか」と思ったらメモする

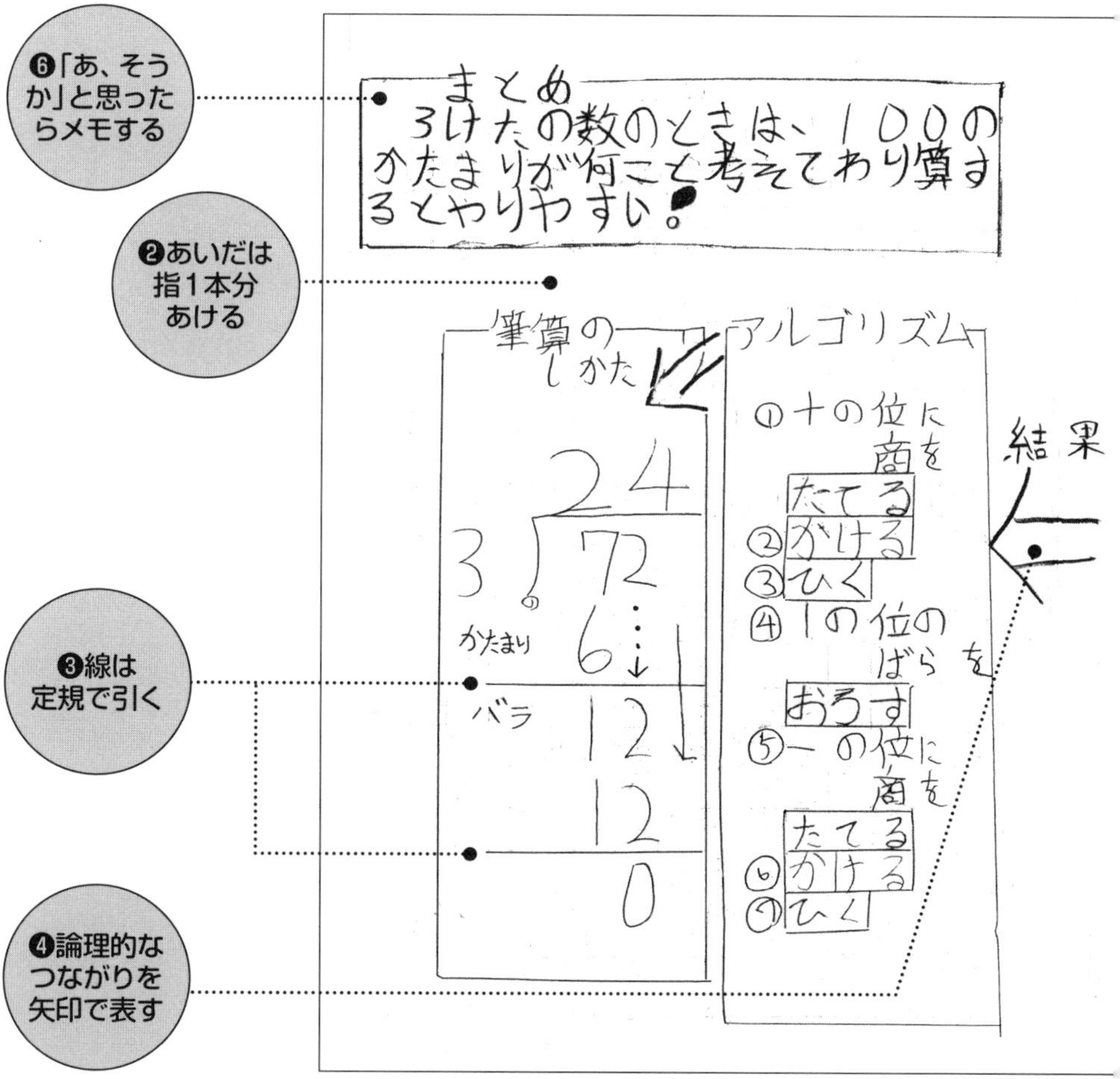
❻「あ、そうか」と思ったらメモする
❷あいだは指1本分あける
❸線は定規で引く
❹論理的なつながりを矢印で表す
まとめ
3けたの数のときは、100のかたまりが何こと考えてわり算するとやりやすい!
筆算のしかた
アルゴリズム
結果
①十の位に商を たてる
②かける
③ひく
④1の位のばらを おろす
⑤一の位に商を たてる
⑥かける
⑦ひく
かたまり
バラ

●札幌市立羊丘小学校4年生・太田菜摘さんのノート

17

新しいノートを買ったら

同じ値段で、薄いノートと厚いノートが置いてあったら、つい厚いほうを買ってしまいたくなります。しかし、ノートは薄めのものを選びます。なぜなら、1冊使い切ったという達成感を、子どもが何度も味わえるからです。

新しいノートを買ってきたら、次のようにします。

❶子どもにていねいな字で名前を書かせる。

❷うら表紙などに、使いはじめの日付を書かせる。

❸表紙や中表紙に写真やコラムがあれば、子どもといっしょに読む。

❹ノートの後ろから5ページ目の余白に印（★印など）を書かせる。

❺前のノートを子どもといっしょに見返して、よく書けているところをほめる。

❶～❸を親といっしょにすることで、ノートへの愛着がわき、自然とノートをていねいに書くようになります。❹の印は、そのページまで使ったらつぎのノートの準備をするための目印です。

こんなしかけで、子どもはノートを張り切って使うようになります。そして、子どもと前のノートを見返すこと（❺）で、子どもはノートの意義をしだいに理解するようになります。とくに、間違いを消しゴムで消さずに、訂正線で直してあるページはうんとほめます。間違いも上手に残すようになります。

薄めのノートを選ぶ

❶ていねいに名前を書く

❷使いはじめの日付を書く

❸お話があればいっしょに読む

❹後ろから5ページ目に印を書く

❺使い終えたノートを親子で見返す

18

シャープペンシルは中学生になってから与える

シャープペンシルは芯を削る必要がなく、短くもならないのでとても便利です。しかし、筆圧の調整がうまくできない小学生のうちから使わせるのはよくありません。

下のレントゲン写真を子どもといっしょに見ながら考えてみましょう。

いちばん右の写真が大人の手です（❶）。それにくらべると、生後6カ月の赤ちゃんの手は、どの骨もとても小さく、手首の骨はまだできたてです（❷）。

5歳くらいになると、骨がだいぶ発達してきます（❸）。いろいろなものがもてるようになり、クレヨンなどを使って上手に絵を描いたりすることもできるようになります。しかし、まだ手首の骨は十分に発達していません。

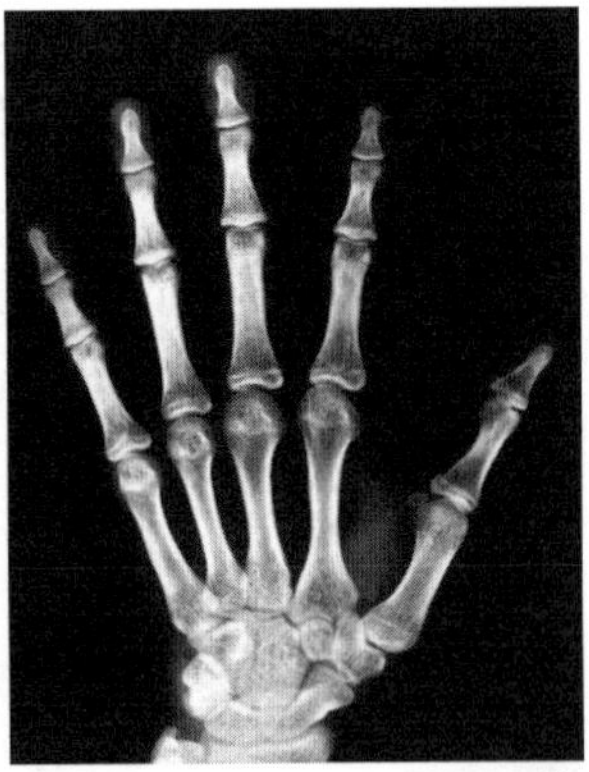

❶

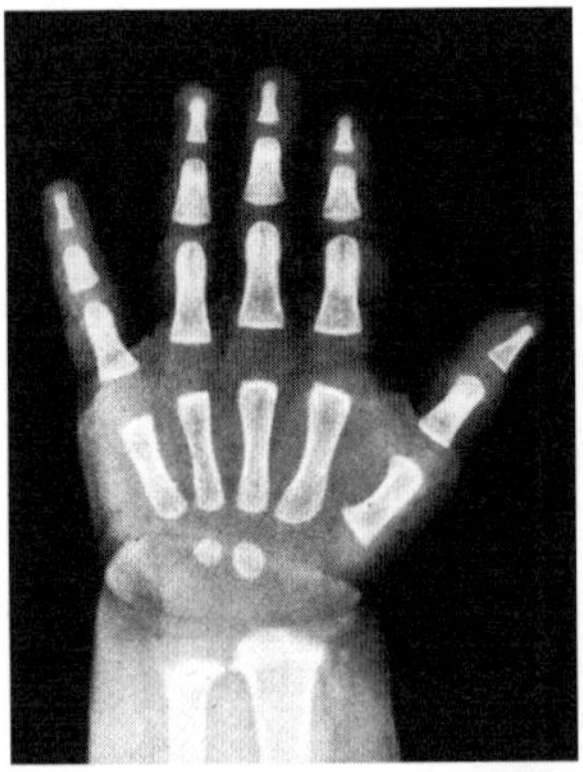

❷

小学校2年生になると、手首の骨もかなり発達していることがわかります（❹）。このころには、継続的に鉛筆で文字を書くことができるようになります。しかし、よく見ると、骨のあいだにはまだまだ隙間があります。ですから、この時期はまだやわらかい筆記用具が適しており、どの学校でも、鉛筆は2Bよりもやわらかいもの、クレヨンもやわらかいものを使うように指導しているのです。

6年生ともなるとかなり大人の手に近づきますが、それでもまだ手首の骨には隙間があります（❺）。手首の骨がしっかりと完成するのは、中学校を卒業するころなのです。

こうしたことから、シャープペンシルの使用は、小学生のうちはまだ早いと考えています。早い時期からシャープペンシルを使ったために、薄文字や丸文字になったりする子が多いという指摘もあります。

とくに小学校低学年のうちは、やわらかい筆記用具でのびのびと書かせてください。

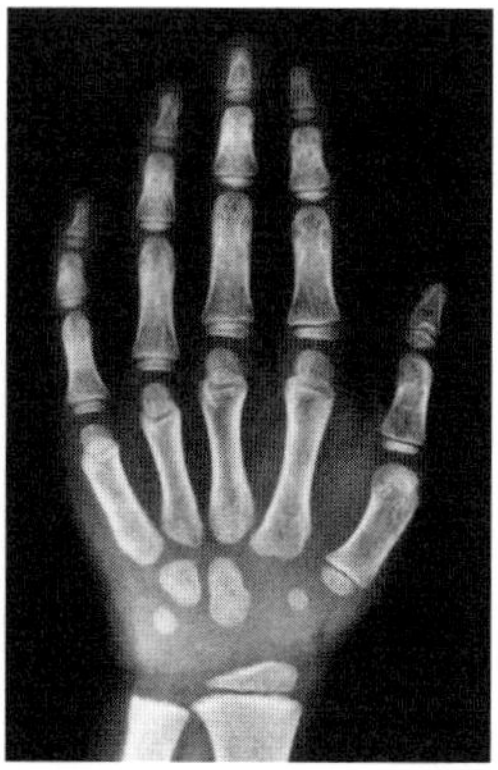
❸

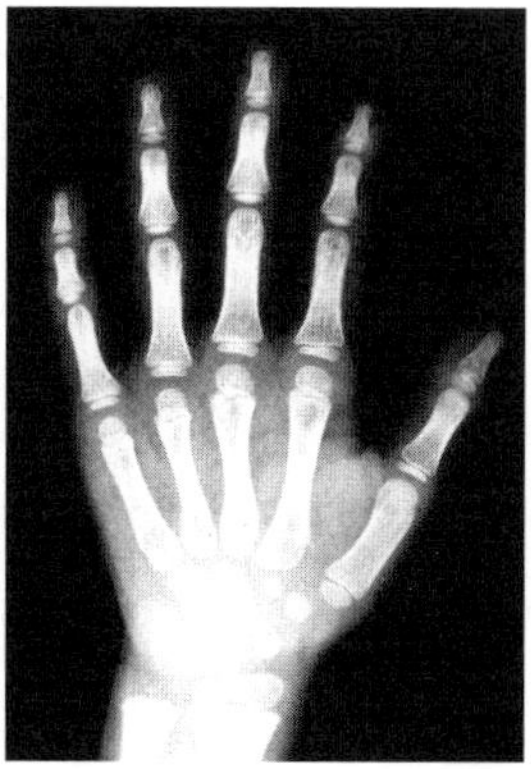
❹

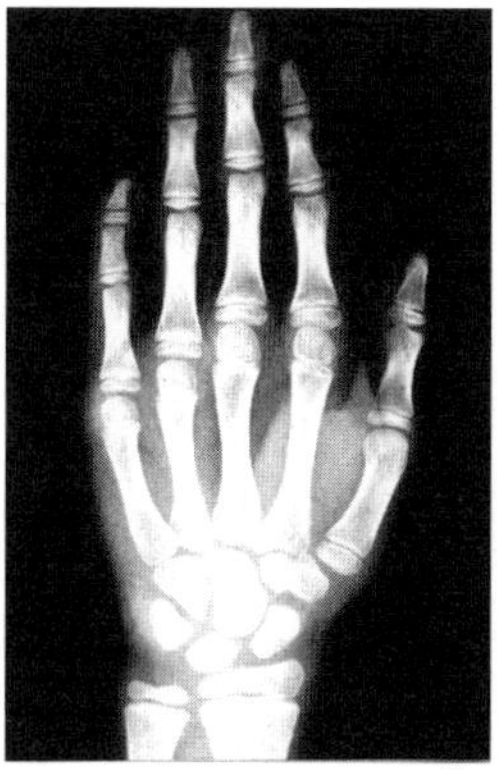
❺

※写真は、『驚異の小宇宙・人体5 なめらかな連携プレー』（NHK取材班 日本放送協会 1989）

19

学習時間は学年×10分を目安にする

よく「家では何分勉強させればよいですか?」と質問されます。適した学習時間は、子どもの性格や学力、家庭の条件などによって変わりますから、「何分がよい」と一概にはいい切れません。私は、「あくまでも目安ですが」と前置きしたうえで、「学年×10分」と答えています。1年生だと10分、6年生だと1時間です。

ただし、学習時間を子どもに示す際には、つぎのことに注意してください。

❶「毎日、かならず◯分勉強しなさい」「◯日勉強できたら何かを買ってあげる」など、強制したり、ほうびをちらつかせたりしないこと。

❷勉強時間の結果的な長さよりも、どれだけ集中して勉強できたかが大事であると伝えること。

❸5分間でよいので、親子がいっしょに机に向かえる時間帯にすること。

❹ほかの家庭とくらべて、一喜一憂しないこと。

❺学習時間をのばすときは、子どもと相談しながら無理のない範囲で決めること。

■参考：子どもの勉強時間（小学生、学年別）

（Benesse教育研究開発センター「第３回子育て生活基本調査」2007年）

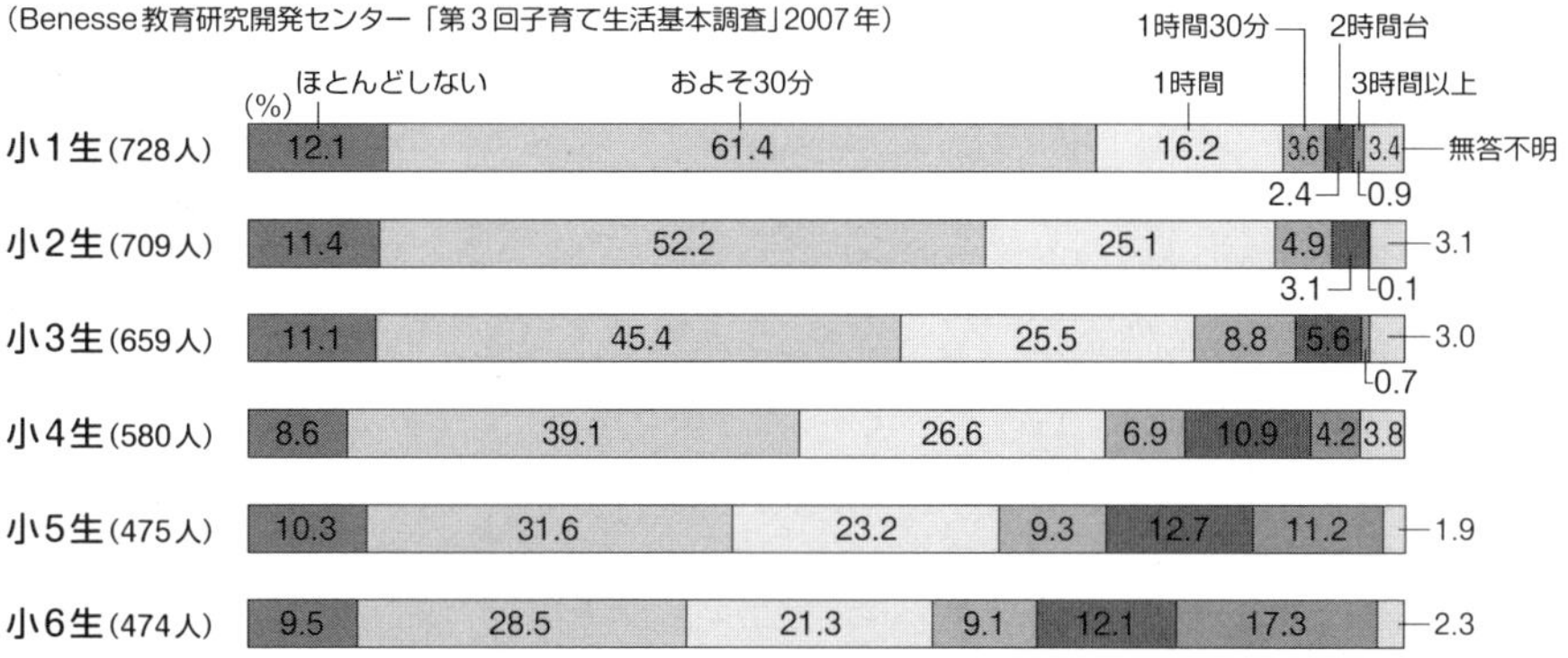
(%)
ほとんどしない
およそ30分
1時間
1時間30分
2時間台
3時間以上
無答不明
小１生（728人） 12.1 61.4 16.2 3.6 2.4 0.9 3.4
小２生（709人） 11.4 52.2 25.1 4.9 3.1 0.1 3.1
小３生（659人） 11.1 45.4 25.5 8.8 5.6 0.7 3.0
小４生（580人） 8.6 39.1 26.6 6.9 10.9 4.2 3.8
小５生（475人） 10.3 31.6 23.2 9.3 12.7 11.2 1.9
小６生（474人） 9.5 28.5 21.3 9.1 12.1 17.3 2.3

注１）勉強時間は、学習塾や予備校、家庭教師について勉強する時間を含む。　注２）「２時間台」は「２時間」＋「２時間30分」の%。「３時間以上」は「３時間」＋「それ以上」の%。　注３）（　）内はサンプル数。

■参考：平日の家での学習時間（小学生、親との会話量別）

（Benesse教育研究開発センター「第１回子ども生活実態基本調査報告書」2005年）

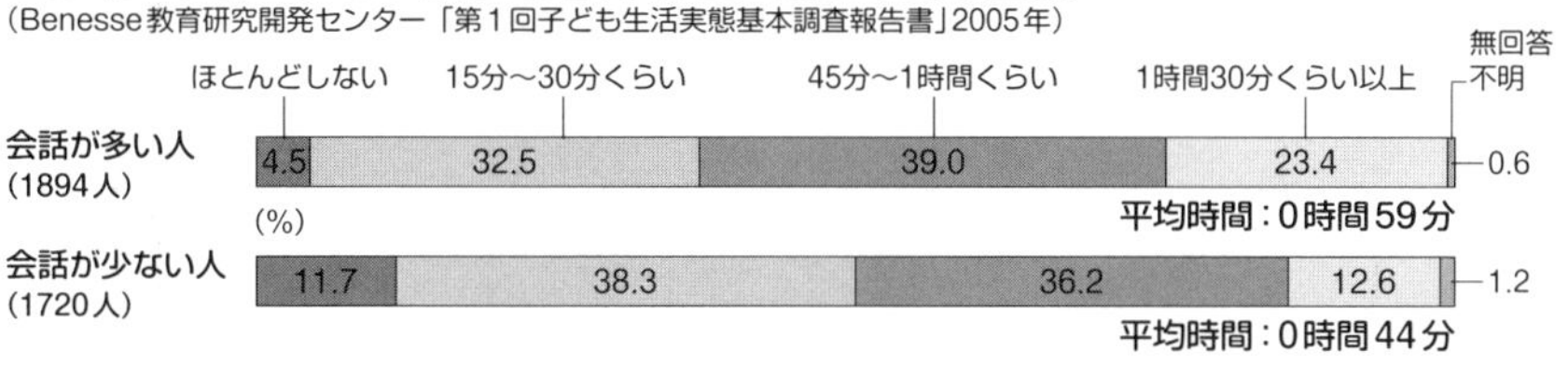
ほとんどしない
15分～30分くらい
45分～1時間くらい
1時間30分くらい以上
無回答不明
会話が多い人（1894人） 4.5 32.5 39.0 23.4 0.6
平均時間：0時間59分
(%)
会話が少ない人（1720人） 11.7 38.3 36.2 12.6 1.2
平均時間：0時間44分

■参考：学習への取り組み方（小学生、親との会話量別）

（Benesse教育研究開発センター「第１回子ども生活実態基本調査報告書」2005年）

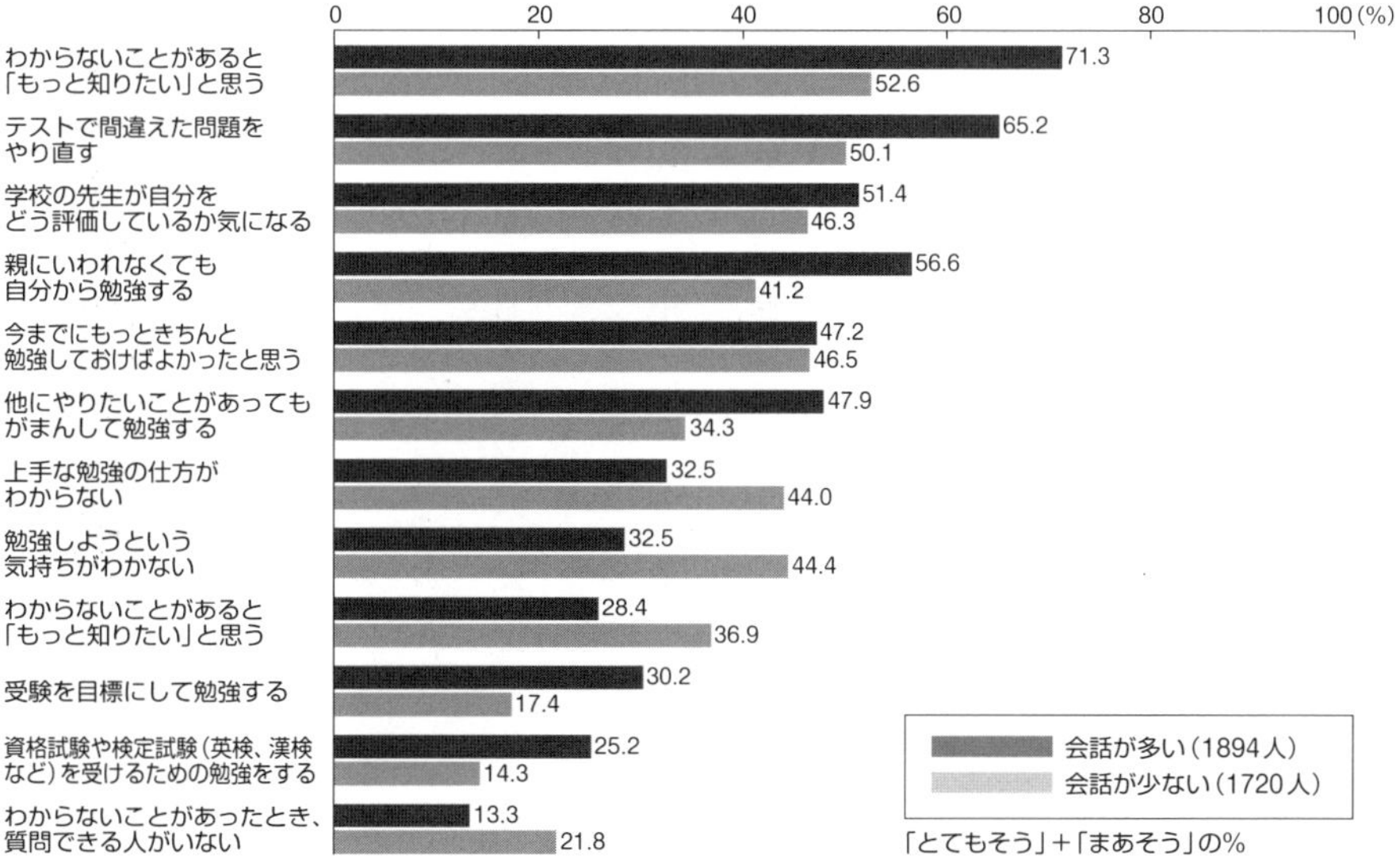
0 20 40 60 80 100（%）
わからないことがあると「もっと知りたい」と思う 71.3 52.6
テストで間違えた問題をやり直す 65.2 50.1
学校の先生が自分をどう評価しているか気になる 51.4 46.3
親にいわれなくても自分から勉強する 56.6 41.2
今までにもっときちんと勉強しておけばよかったと思う 47.2 46.5
他にやりたいことがあってもがまんして勉強する 47.9 34.3
上手な勉強の仕方がわからない 32.5 44.0
勉強しようという気持ちがわかない 32.5 44.4
わからないことがあると「もっと知りたい」と思う 28.4 36.9
受験を目標にして勉強する 30.2 17.4
資格試験や検定試験（英検、漢検など）を受けるための勉強をする 25.2 14.3
わからないことがあったとき、質問できる人がいない 13.3 21.8
会話が多い（1894人）
会話が少ない（1720人）
「とてもそう」＋「まあそう」の%

20

学習は内容で区切る？　時間で区切る？

「25ページまでやったら、遊びにいってもいいですよ」「3時までやったら、おやつにしましょう」など、子どもに学習の区切りを示すことは、子どもの集中力を高める工夫のひとつです。

ところで、「○○までやったら」というのは、「25ページまでやったら……」と内容で区切るのがよいでしょうか。それとも、「3時までやったら……」と時間で区切るほうがよいでしょうか。

子どもの性格や学習内容に対する習熟度によって、どちらがよいかは変わります。迷った場合は、まず、内容で区切ってみましょう。あまり集中できなかった子が、内容で区切るとずっと集中したという話はよく聞きます。ただし、内容量は少なめにすることが大切です。思ったより早く終わったからといって、内容を追加してはいけません。

意欲をもって学習に取り組めている場合や、友だちといっしょに学習している場合などは「3時まで……」と時間で区切ったほうがよいこともあります。つぎの表を参考に、どちらで区切ったほうがよいかを考えましょう。どちらのほうが学習に集中できるか、子どもの感想を聞いてみるのもよいでしょう。集中して取り組めたら、よくほめます。

時間
or
内容？
時間？
3時まで
う〜ん
内容？
算数
ドリル
2ページ

内容で区切るのが向いている	ぼーっ **子どものタイプ** ・短時間しか集中できない ・ふだんあまり時間を気にしない **理解度・習熟度** ・あまり理解と習熟が進んでいない **場面** ・友だちと学習する ・視写（文章の書き写し）やプリント学習など
時間で区切るのが向いている	集中 **子どものタイプ** ・比較的長い時間集中できる ・ふだんから時間に対して敏感 **理解度・習熟度** ・ある程度理解ができていて、楽しく学習できる **場面** ・ひとりで学習する ・タイムトライアル（76ページ）型の学習 ※「時間で切る」場合は、ストップウォッチが強力なアイテムになります。

21

親といっしょに片づける

「何度いっても、子どもが片づけをしない」という悩みをよく聞きます。

どうして子どもは片づけをしないのでしょうか。それは、子どもが「片づけることの意味」と「具体的な片づけ方」をよくわかっていないからです。

片づけることの意味は、効率的な収納と取り出しを可能にすることです。「きちんと片づけると気持ちいいね」「すぐに取り出せて便利だね」と何度もいって聞かせます。また、片づけ方のポイントは「定位置」です。何をどこに片づけるのかを決めることによって、効率的な収納と取り出しができるようになります。片づけるものと片づけ

鉛筆はこの箱の中に入れるとバラバラにならないね
お母さんみたいにできるかな？
空き箱を使うと便利
できるよ
やってみせ
言って聞かせて
させてみて

先に同じラベルを貼るなどして定位置をはっきりさせます。引き出しのなかに、小さな空き箱をいくつか入れておくと、小物も上手に片づけることができます。

「片づけがきちんとできるようになると、グラフや表、マス計算などの学習が得意になる」というおまけもついてきます。片づけが、脳の空間認識の領域を鍛えるからです。

はじめのうちは、親子でいっしょに片づけをしてみましょう。「やってみせ　言って聞かせて　させてみて　ほめてやらねば　人は動かじ」（山本五十六）ということばがあります。これは、片づけ指導にもぴったりの方法論です。まずは、「これは、ここにこうして片づけようね」とやってみせ、「ほら、すっきり！」と、片づけの意味と片づけ方を具体的に伝えましょう。

ほめて
やらねば
人は動かじ
ペン
文房具
シール
紙
すごい すごい！ これ、がんばって 続けようね！
うん

22 ルールは家族で話し合って決めかならず守らせる

食事中や勉強中はテレビを消す、家庭学習をきちんとする、時間がきたらゲームやインターネットをやめる……。これらを守らせようとすると、子どもはかならず反発します。どのように対処したらよいでしょうか。

まずは「治療より予防」です。親の姿を見直してみます。親がテレビやゲーム、インターネットを好き放題に見ていては、子どもを説得することはできません。親も、ルールにしたがっている姿を子どもが目にしていれば、「自分もちゃんとやらなくては」と自然に考えるでしょう。「徳は耳より入らず、目より入る」（福沢諭吉）です。

しかし、親が自分を律していても、子どもは反発するものです。そのとき、間違った対処をしがちです。

お母さんひとりで対処してはいけません。家庭のルールは家族みんなが関わる問題ですから、家族全員で話し合って決めるべきです。また、ルールを一方的に押しつけて、力で解決しようとするのもいけません。子どもが幼いうちは通用しますが、やがて成長し、子どもの体力が親にまさるようになると、もっと大きな反抗となって返ってきます。きちんとした話し合いが必要です。

決めたルールに子どもが違反しているのに、親が目をつぶり、やがてなし崩しにルールがなくなっていくことも避けなければなりません。親がルール違反に目をつぶれば、子どもは「だらしなくしていれば、やがてルールはなくなる」ということを学びます。ルールは、紙に書くなどはっきりさせ、曲げずに、しっかり注意したりほめたりしていきましょう。

ヨコさんのQ&A

Q 共働き家庭は、この本に書かれているようにはできないのでしょうか？

A この本では、親子がいっしょに家庭学習に取り組むことによって、親も子もともに育つことをおすすめしています。イラストに親子が描かれているのも、そうした思いからです。

でも、共働きで、日中留守になりがちな家庭でも、親子がともに育つような家庭学習はできます。効果絶大の２つの工夫をご紹介します。

ひとつ目は「手紙」です。おやつは何でどこにあるか、といった連絡だけでなく、子どもと鉛筆対談（74ページ）をするつもりで書くとよいでしょう。子どもに語りかけ、返事を促すように書くのです。「メールでもよいのでは？」と思われるかもしれませんが、手書きの手紙のほうが効果は30倍くらいあるというのが、私の経験です。

ふたつ目は、帰宅後はじめて子どもとコミュニケーションをとるときは、お互いに手を置いて、30秒でよいので顔を見ながら話すことです。この30秒は、夕食後の30分以上に匹敵する「黄金の時間」です。子どもが話したがらないなら、「きょう、お母さんのお客さんでね……」などと、仕事中に感動したことやがっかりしたこと（深刻にならない程度の）を子どもに聞かせるだけでもかまいません。

Q よくママ友だちと電話で相談し合うのですが、注意しなくてはならないことは？

A 子育てのことをだれかに相談することは、とてもよいことです。

しかし、少し注意が必要です。まず、電話では、情報が思ったよりも正確に相手に伝わらないことを自覚しましょう。感情のいき違いも、直接会って話すときよりもずっと多くなります。

それ以上に注意したいのは、子どもは親の電話の内容を聞いていないようでじつによく聞いているということです。話がはずみ、ついほかの家庭の保護者や担任のことを批判したり、ときには自分の家族の愚痴をこぼしたり、謙遜のつもりでわが子のことを悪くいったりしてしまいます。これらは、子どもの心を深く傷つけ、その悪影響は計りしれません。よくよく注意したいものです。

習慣その

3 子どもの学習につき添う

学習習慣が身につくまでは、親の支えが必要です。親が子どもの学習につき添うときの位置取りや関わり方、また、子どもが学習内容につまずいたときの指導の仕方を紹介します。

23 親も「学習めいたこと」をする

子どもを子ども部屋に追いやり、親はお菓子をつまみながらテレビを見ている……。これでは、進んで学習する子どもが育つはずはありません。

子どもが学習をしているときは、親も何か「学習めいたこと」をしましょう。要するに、親も静かで知的な作業をおこなうのです。ほんの数分でもかまいません。子どもと少しの間学習した後は、食事のしたくに移っても子どもは納得します。親のそうした姿は、子どもに「学ぶことの意味とすばらしさ」を雄弁に語り、親への信頼感をはぐくみます。

母親が簿記の資格を取ろうと、子どもといっしょに勉強していた家庭では、子どもは、母親に負けないようにと、いっそう学習に集中するようになりました。

ひと区切りついたら、「がんばったね」とおやつをいっしょにつまむのもよいでしょう。

ぼくもしっかりやらなくちゃ

おすすめの作業

- 読書する
- 家計簿をつける
- 日記を書く
- 手紙を書く
- ペン習字の練習をする
- 名文を視写する

24

子ども、親、きょうだいの座る位置

食卓テーブルで子どもが学習するとき、親はどこに座ればよいでしょうか。

ふだん食事をするときの位置にとらわれず、窓や照明との関係で座る位置を決めます。

子どもが右利きならば、太陽光や照明などの光が左から差し込む席に座らせます。鉛筆をもつ手の影がノートにできにくいからです。親はその光を背負うような位置に座ります。子どもの作業をひと目で見ることができます（下図参照）。

子どもの横に座るのも悪くありません。教科書の音読を聴くようなときには、横に座るほうがよいでしょう。

子どもの正面に座るのは、あまりよくありません。わずかですが、子どもは威圧的に感じますし、親も子どものノートなどを反対から

のぞき込むことになって不便だからです。

きょうだいで学習するときには、上のイラストのように、下の子を親の近くに座らせます。上の子にはプライドがありますから少し離したほうがよいのです。

また、上の子には、ときおり下の子の学習を見てもらうようにお願いしてもよいでしょう。

下の子の学習を見ることは、下の子にとってだけではなく、上の子にとってもとてもよい学習の機会です。自分の学習したことが弟や妹の役に立つという経験をすることで、学習することの意味を実感でき、また、自信を深めることにつながるからです。

きょうだいがいるご家庭は、ぜひ並んで食卓テーブルで学習させましょう。

25 レディネスを引き上げる

ひとケタのかけ算が十分できないのに、ふたケタのかけ算はできません。水に顔をつけられないのに、クロールはできません。音読がすらすらできないのに、登場人物の心情や情景は想像できません。できないことをむりにさせるのは、時間のむだであるばかりでなく、子どもの自信を失わせてしまうことにもなります。

どうしてもその問題を解けないときには、その問題を解くのに必要な学習内容を復習させることが必要です。この「目の前の問題を解くために、習得しておくことが必要な以前の学習内容」のことを「レディネス」といいます。レディネスが十分でない場合は、子どもをいくらがんばらせてもできません。

たとえば、算数の文章問題がわからないときには、数字をかんたんなものに置き換えることで、レディネスを引き上げることができます。（92ページ参照）

また、ボールを上手に投げられないときには、左イラストのようにボールを手でしっかりともつ感覚をつかませることが効率的です。これもレディネスの引き上げの例です。

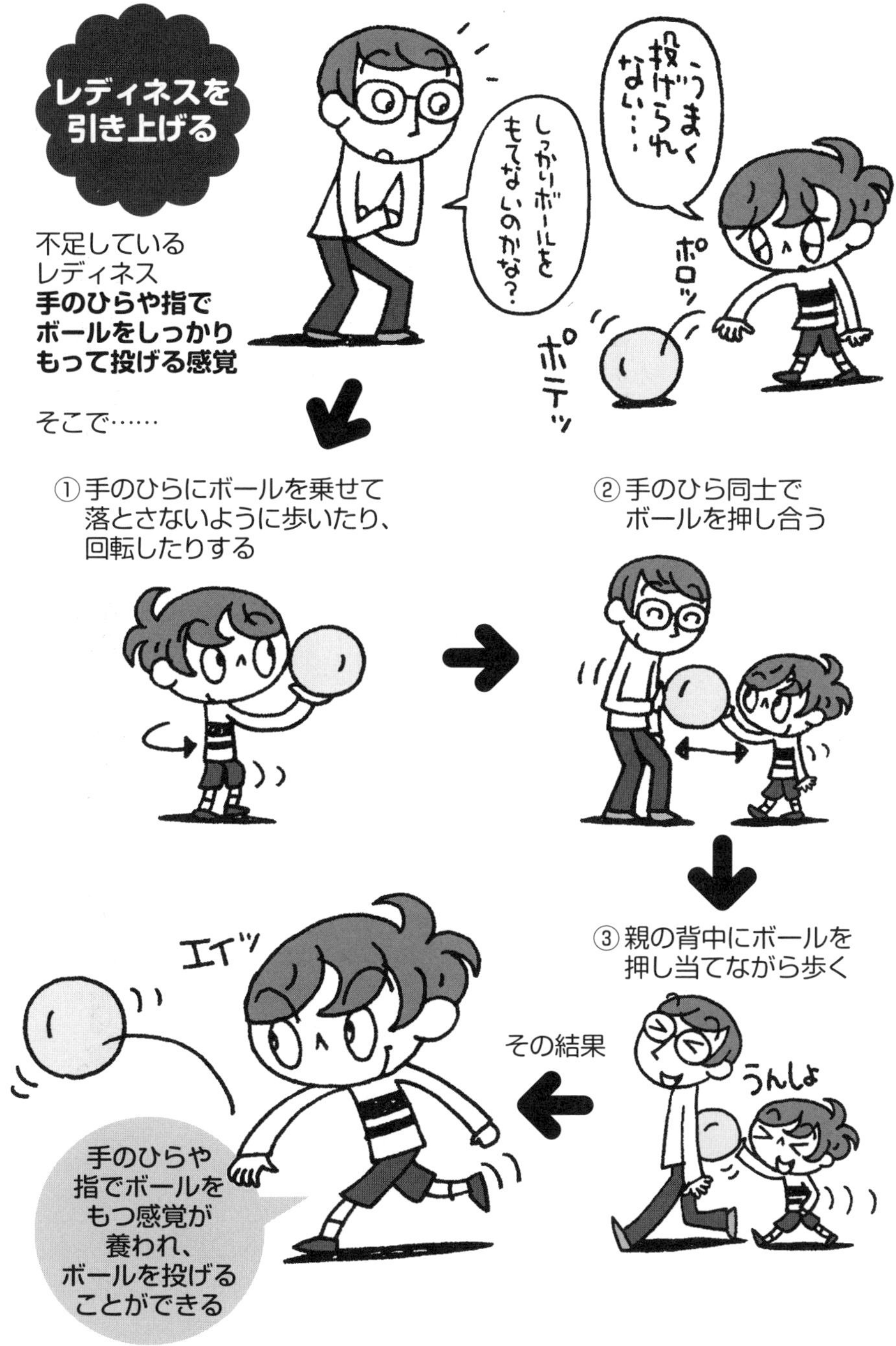
レディネスを引き上げる
不足しているレディネス
手のひらや指でボールをしっかりもって投げる感覚
うまく投げられない・・・
しっかりボールをもてないのかな？
ポロッ
ポテッ
そこで……
① 手のひらにボールを乗せて落とさないように歩いたり、回転したりする
② 手のひら同士でボールを押し合う
③ 親の背中にボールを押し当てながら歩く
うんしょ
その結果
エイッ
手のひらや指でボールをもつ感覚が養われ、ボールを投げることができる

26

何歳になっても読み聞かせをする

あるとき、長く不登校の子の担任になりました。そのお母さんは、毎夜暴れるその子との生活に疲れ切っていました。

そこで、絵本の読み聞かせをすすめました。「聞かなくてもいいので、声に出して読んであげてください。途中でじぶんの部屋に引きこもってしまっても、終わりまで読んでください」と伝え、お母さんにおすすめの本を渡しました。

その夜から読み聞かせがはじまりました。すると、その子はほんの数日後には静かにお母さんのそばでお話を聞きはじめ、暴れることもなくなり、登校できるようにまでなりました。

ほんとうに何歳の子でも読み聞かせを歓迎してくれるものなのです。

読み聞かせのこつをあげます。

●本の選び方

何といっても楽しいものを選ぶことです。語彙を増やそうとか、考える力を伸ばすために少しむずかしめのものを、などとは考えないこと。何度でも読みたくなる本、ひとりでも読みたくなる本を選びます。図書館にいき、司書に相談するのもよいでしょう。

●読む時間

できれば「寝る前の5分間」など、読む時間を決めておくと習慣化しやすくなります。

●読書記録を取る

読書記録を取っておくと励みになります。カレンダーや手帳に、読んだ本の名前を記入するとよいでしょう。

●ポジション

低学年のうちは、ひざの上に。高学年の子どもの場合は、横に座らせて、読み聞かせるとよいでしょう。

●知らないことば

子どもが知らないことばが出てきても、途中で説明などしないことです。ストーリーが途切れてしまいます。ただし、子どもが感想を口にしたときには「ほんとうね」など、短く返答するのはよいでしょう。

●ひらく・閉じるはゆっくりと

題名を読んだら本をゆっくりとひらきましょう。期待感が高まります。閉じるときにも、余韻を楽しみながらゆっくりと閉じましょう。

●**長い本は**

長い本は、何日かにわけて「この続きは、また明日」とするといいでしょう。

●**本に興味がない子**

本に興味がない子の場合は、「聞きなさい！」と強要しないこと。その子の近くで感情を込めて読みましょう。ただしテレビは消し、ゲームもやめさせます。時間はかかっても、だんだんとことばがその子にしみていきます。同じ本を何度か読んでいたら、聞いていないと思っていた子どもが「それ、このあいだも読んだ」といったそうです。「じゃ、どれがいいの？」と聞き返し、その子が選んだ本にしたところ、それから聞くようになったそうです。

低学年は
ひざの上
高学年は
横

おすすめの本（迷ったら、まずこの3冊）

低学年

『エルマーのぼうけん』
（ルース・スタイルス・ガネット・作／ルース・クリスマン・ガネット・絵／渡辺茂男・訳／福音館書店）

『ひとまねこざる』
（H・A・レイ・文、絵／光吉夏弥・訳／岩波書店）

『おおきくなるっていうことは』
（中川ひろたか・文／村上康成・絵／童心社）

中学年

『どうぶつゆうびん』
（もとしたいづみ・文／あべ弘士・絵／講談社）

『アリーテ姫の冒険』
（ダイアナ・コールス・作／ロス・アスクィス・絵／ グループ・ウィメンズ・プレイス・訳／学陽書房）

『あらしのよるに』
（木村裕一・作／あべ弘士・絵／講談社）

高学年

『コンビニたそがれ堂』
（村山早紀・作／名倉靖博・絵／ポプラ社）

『ローワンと魔法の地図』
（エミリー・ロッダ・作／さくまゆみこ・訳／佐竹美保・絵／あすなろ書房）

『窓ぎわのトットちゃん』
（黒柳徹子・著／講談社）

27 友だちを招くのを大歓迎する

子どもが「家に友だちを呼んでいっしょに勉強したい」といったら、大歓迎しましょう。

友だちを呼べば遊び半分になってしまうのでは？　と心配になるかもしれません。その可能性は、もちろんあります。でも、子どもたちは友だちといっしょだと意欲的になりますし、親にとってもほかの子のようすを見ることができるので、参考になります。また、子どもたちがお互いの家を行き来して学習することで、子どもたちのあいだの絆が深まり、精神的に安定します。

友だちを呼ぶときは

①呼ぶ人数は、多くても3人まで。それを超えると気が散りやすくなる

②しっかりとあいさつをさせ、靴もそろえさせる

③ひとり用の勉強机ではなく、食卓テーブルなど複数が向かえる場所でさせる

④テレビは消す。ゲームもしまっておく

⑤親は学習内容や時間のめどを聞いておき、ころ合いを見ておやつを出す（72ページ参照）

⑥親は、子どもたちのようすがわかる場所でさりげなく本を読むなどする

⑦求められたら、どの子の相談にもやさしく乗る

⑧学習が終わったら、みんなできちんと後片づけをさせる

⑨その後、みんなで少し遊ぶなどを認める（おやつはこのときに与えてもよい）

⑩帰り際のあいさつもしっかりとさせる

⑪あとで友だちの親に、「しっかりやっていましたよ」など、お知らせをする

28 おやつはわけずに出す

子どもたちにおやつを出すときは、取りわけずに出します。たとえば、せんべいなどを袋ごと渡し、「みんなで上手にわけなさい」といえば、子どもたちはわいわいと相談しながら、みんなが公平になるようにと考え、仲間意識がいっそう強まります。割り算の自然な学習にもなります。あまりが出たらどうするかを考えるのも、とてもよい勉強です。

飲みものも、ペットボトルごと出し、「同じ量になるようにわけてごらん」と伝えます。同じ大きさ・形のコップを出せば、高さを見くらべて公平にわけようとします。大きさや形の違うコップを出すと、高さではくらべられないので、別のコップに入れてからわけるなど、工夫しはじめます。

ケーキなども切らずに出し、子どもにわけさせます。図形や角度の生きた学習になります。公平にわけようとすることで、量の見当をつける力もつきます。はかりを貸し、「みんな同じ重さになったか確かめてごらん」というと、楽しそうに重さをはかりはじめます。

はかりの見方も学習できます。

親が親切心からおやつを取りわけてしまうと、このように楽しく賢く、そして仲よくなれる機会をうしなってしまいます。おやつは取りわけずに出しましょう。

同じ量にわけよう
きちんとわけられるかしら・・・

同じ重さにわけよう

29 もち帰ったもので鉛筆対談をする

ノート、連絡のプリント、テスト、作文、図工の作品、家庭科の作品、通知表など、子どもは学校からいろいろなものをもち帰ります。これをネタに「鉛筆対談」をしましょう。

鉛筆対談とは声ではなく、文字を書いて会話をつなぐふたり作文です。書きながら、作品をつくったときのことや、がんばったりしたことをゆっくりと思い出すことができます。

また、会話はその場限りですぐに消えてしまいますが、書いたものは残り、それをほかの人にも見せることができるというよさもあります。

まず親が「きょうのノートは、とてもたくさん書いたんだね。手がつかれなかった?」など、感想や質問を書き込みます。このとき、「会話文」の上に「お母さん」と書いたり、似顔絵を描いたりします。子どもは「平気だよ」などと返事を書きます。「へえ、それは感心。お母さんは、子どものころノートを書くのが苦手だったなあ」などと、続けます。

鉛筆対談のこつは、最初からあまり長くしないこと、また対談に使う紙も最初は小さめのカードやノート型の付箋《ふせん》紙にするとよいでしょう。子どもの作品と鉛筆対談の紙をいっしょに居間に飾っておくと、家族の話題になります。

30 タイムトライアルでやる気を引き出す

子どもが集中して学習に取り組まない、といった親の悩みをよく聞きます。子どもの学習意欲を引き出し、集中力をつける「タイムトライアル」に取り組んでみましょう。

たとえば、小学校2年生で「cm（＝センチメートル）」を習います。授業でcmを書く練習を何度かしますが、それだけではすらすらときれいに書けるようにはなりません。最初のうちはノートのマス目にきちんと入れて書いていたのに、だんだんとマスからはみ出るようになり、mの山が1つになったりなどしやすいものです。しかし、「もっとていねいに」といってたくさん書く練習をさせるのは、子どもにとって苦痛なだけです。

ストップウォッチを用意して、「1分間で、cmを何個書けるか挑戦してみよう」ともちかけます。これだけで、子どもはぐっとやる気

こんなテーマでタイムトライアルに挑戦

- 画数が多くて筆順がむずかしい漢字を何個書けるか。
- 自分の名前をローマ字で何個書けるか。
- 教科書の文章をどのくらい写せるか。
- 九九をどのくらい速くいえるか、など。

を出します。

ただし、「mの山がちゃんと2つあること」「マスからはみ出さないこと」を条件とします。まず親がていねいにゆっくりと書いて「お母さんは40回書けたよ。あなたはいくつ書けるかな？　初心者だから、30回書けたらすごいね」などと挑戦意欲をかきたてます。子どもは、張り切って挑戦するでしょう。

タイムトライアルは、「少し前の自分を追い越す」ことが目標です。追い越せたときに子どもは自分の成長を感じ、自信をもちます。ですから、親はほかの子と比較するのではなく、「3日前のノートとくらべたら、ずいぶん成長したね！」と励まします。はじめのうちは、ストップウォッチの読み方に、ほんの少し手心を加えてもかまいません。

また、大人が本気を出しすぎて、子どもが絶対に追いつけないような結果を見せてはいけません。ただし、子どもが自信をかなり深めたころなら、「やっぱりお母さんはすごいや」と思わせることもあってよいでしょう。

31 ブラックボックスで論理力を育てる

子どもの論理力を育てるには、「ブラックボックス」(中身の見えないからくり箱)を使うのも効果的です。

特別な箱である必要はありません。風呂敷をかけたり、ついたてを立てたりするだけでもよいのです。

箱の入り口と出口を決めます。そして、入り口から入れたものが、かならずある「きまり」で変化して出てくるようにします。そして、同じ「はたらき」を3回ほど見せると、子どもは、ブラックボックスの「はたらき」を予想しはじめ、4、5回目くらいで「決まり」をいい当てることができるようになります。

箱を使わない方法もあります。

たとえば、絵本を読み聞かせる場合、つぎのページをすぐにめくらず、「どうなると思う?」と子どもに

絵本の読み聞かせ

お話のつづきを予想させます。これだけで、絵本が先の見えないブラックボックスになります。子どもは、「きっとこうだよ。だって……」と、自然に予想しはじめます。この「だって……」が、論理力の元です。先を急がず、じっくりと子どもの予想に耳を傾けてください。

予想やその理由は紙に書いておくと、あたりはずれへの緊張感や期待が高まり、子どもは、どうしたら正解できるか深く考えるようになります。

ブラックボックスで

①
1つ入れると2つになるよ
?
②
2つ入れると4つになる
?
③
3つ入れたら?
4つ?
?
④
わっ6つになっちゃった!
?
⑤
わかった!2倍だ!
⑥
4つは?
8!
?
⑦
あたり〜
どうしてわかったの?
だって・・・

ヨコさんのQ&A

Q 入学前に文字が書けないとだめでしょうか？

A ずいぶん前に１年生を受けもったとき、保護者からこの質問を受けました。そこで、入学式の翌日、どの子がどのひらがなを読み書きできるのかを調べました。そして、１年後、自由に作文を書かせて、その長さや文章の確かさを照らし合わせてみました。

結果は、ひとことでいうと「入学前にひらがなが書ける、書けないは、作文の力とはあまり関係がない」というものでした。入学時に47文字のひらがなをすべて読み書きできた子でも、あまり長く書けない子もいましたし、自分の名前のほかは少ししか読み書きできなかった子が、ほかの子よりも長く生き生きとした作文を書いたりしていました。では、入学後に伸びた子どもに共通していたことは何だったのでしょうか。

入学後にひらがなをどんどん覚え、たくさん読み書きできるようになった子どもはみんな「覚えることを面白がる子」でした。そして、「素直に、一生懸命に練習しようという気持ちのある子」でした。また、伸びた子の保護者に共通していたのは、ネアカで、子どもを限りなく信頼するということでした。

この子どもたちが６年生になりました。ある日、テストに「徳川吉宗は別名何将軍と呼ばれたか」という問題が出されました。ある子がその答えに「暴れん坊将軍」（正解は「米将軍」）と書き、クラスで大笑いになったそうです。もちろん、その子も大笑いしていました。そして後日、担任がそのエピソードをその子のお母さんに伝えたところ、「うちの子ケッサク！」と笑いながら聞いていたそうです。

じつは、この子どもは入学時にはひらがなを30字しか読めませんでした。しかし、この子もお母さんもほんとうに明るく、元気でしたので、その後ぐんぐん伸び、ストレートで地元の国立大学に進学。さらに、大学院にまで進学しました。

こんな経験があるものですから、私は自信をもっていいます。

入学前に読み書きできなくてもだいじょうぶ！　それより、明るく前向きな心を育てましょう。そして、おおらかな気持ちで、子どもを限りなく信頼してやりましょう。

習慣その

4 学習効果を高める工夫

身の回りにあるものを学習に取り入れると、子どもががぜんやる気を出すことがあります。教科書だけにとらわれず、親子が楽しく会話しながら学習効果を高める工夫を紹介します。

32

まず教科書を音読させる

音読は、すべての教科の基本です。算数の文章問題が苦手な子は、音読が苦手です。社会や理科が苦手な子も、音読が苦手です。国語の読解問題は、すらすらと音読できればテストで80点以上を取ることができるものです。

家庭で楽しく音読の力を身につける方法をご紹介しましょう。

❶高速読み　できるだけ速く、しかも、何をいっているかわかるように読みます。ストップウォッチを片手に、記録を取って競争するのもよいでしょう。

❷ダウト探し　2～3行に1カ所、わざと間違いを入れて親が読み聞かせます。子どもは、間違いに気がついたら「ダウト！」とコールします。

❸真似しない読み　親はわざと間違えて読みます。子どもは読み手

音読の目標

①すらすら（つかえない、間違えないで読めること）
②はっきり（よい姿勢で、はっきりと発音すること）
③中身に合わせて（会話文や文体に合わせて、場面や心情を表現すること）

の後を1文ずつ追いかけながら、間違いに惑わされないように正しく読みます。

❹劇読み　役を決め、大げさなくらいに感情を込めて読みます。動作をともなう部分では、身ぶり手ぶり、表情も加えて演じます。

どの読み方にも共通するのは、教科書を両手でもち、腰を立てて（36ページ参照）「すらすら」「はっきり」「中身に合わせて」読むことです。

❶高速読み

❷ダウト探し

❸真似しない読み

❹劇読み

33

音読は黙読の4倍以上の効果がある

音読は、目だけで読む黙読の４倍以上の効果があります。

黙読ではたらくのは「目→脳」の回路だけですが、音読ではそれに加え、「脳→声」「声→耳」「耳→脳」とはたらく回路が４つになり、それぞれが影響し合うからです。認知症のお年寄りに音読をさせると、症状が軽くなるというデータもあるほどです。

さらに、音読の際には、腰を立て、口をはっきりとあけて読むことで、文章の内容が脳だけではなく身体にもしみ込ん

できます。『論語』を立腰《りつよう》して朗々と音読すると、ふだんのものごとに対する姿勢や考え方までしっかりとしてくる、というようにです。

音読は親子のコミュニケーションにもなります。「いま習っているお話を読んで聞かせてね」とリクエストし、子どもの音読に耳を傾けることは、子どもの意欲をとても高めますし、親が学習の内容を理解するにも役に立ちます。

「そのお話は、お母さんが子どものころにも教科書にあったよ」「へえ、いまはそんなステキなお話で勉強できるんだね」「お父さんは、主人公の気持ちがわかるなあ」などと、感想を話し合うと親子関係もよくなります。

苦手の音読を克服して急成長したケンタくん

ケンタくんは音読がとても苦手でした。

そこで、クラス全体で音読に力を入れるのと同時に、ケンタくんのお母さんにも協力してもらい、家庭でも音読に取り組んでもらうことにしました。ケンタくんは、渋々ながら毎日１回ずつ教科書を音読し、家庭学習ノートにお母さんから似顔絵を描いてもらうことにしました。学校でも、私がその似顔絵を見ながらほめつづけました。

２カ月を過ぎるころから、ケンタくんに変化が表れはじめました。はっきりとした声で話すようになり、国語の読解テストの成績が急上昇したのです。「音読をつづけたから力がついたんだね」とほめると、ケンタくんも、テストの内容がよくわかるようになったと音読の効果を実感していました。さらに、ケンタくんには軽いぜんそくがあったのですが、それもずいぶんと軽快しました。

音読に取り組みはじめてから３カ月後、クラスで暗唱大会をしました。ケンタくんは、担当した個所を朗々と読み上げ、クラスのみんなから大きな拍手を受けました。それが自信になったようで、やがてほかの教科の成績もぐんと伸びました。

34

漢字練習は学年で習う字を優先する

漢字を覚えるのが苦手な小学校3年生の子どもがいました。そこで、その子のお母さんは1年生の漢字ドリルを与えましたが、その子はまじめに取り組もうとしません。お母さんは「どうしたらよいでしょうか」と私に相談にきました。

私は、その子の気持ちがよくわかりました。子どもにも、プライドがあるのです。下の学年のドリルではやる気が起きないのです。

漢字は、算数とは違い、下の学年で習った漢字を覚えていないと現在の学年の漢字が覚えられないということはありません。ですから、現在の学年の漢字をまずしっかりと覚えさせるほうがよいのです。

その際は、一字ごとではなく、熟語で練習させます。たとえば、子どもが5年生であれば、その学年で習う「禁」という漢字だけを

教科書の「漢字ページ」を活用しよう

国語教科書の巻末に、前学年とその巻までに習った漢字の一覧があります。習った学年や読み方、画数がひと目でわかります。書けない漢字が確認できるので、苦手な漢字を克服するのに役立ちます。

「禁、禁……」と何回も書かせるのではなく、「禁止」のように、それまでに習った漢字と組み合わせてしまうのです（「止」は2年生の漢字）。

そもそも、漢字を練習するのは、文章を読み書きし、その意味を理解できるようにするためです。ただ機械的に漢字だけを書くのは非人間的ですし、せっかく覚えても、それを使えなくては意味がありません。単語帳やカードなどに熟語を書いてそれを読んだり、熟語の意味や類義語を読み上げてその熟語カードを選ぶなどすると、楽しく語彙を増やすことができます。

漢字の成り立ちを子どもと辞書で調べるのもとてもよい方法です。たとえば、４年生で習う「未」と「末」はよく似ていて混同しがちです。しかし、調べると、木の上になっている実が小さいのが「未」で、大きくなってもう終わりに近いのが「末」であるとわかります。こうした成り立ちを知れば、子どもは二度と間違えなくなります。

35

筆順は原則だけ教えて考えさせる

漢字の学習で親の頭を悩ませるのが「筆順（書き順）」の問題です。小学校卒業までに1006字もの漢字を学習しますが、その一字一字の筆順をすべて教えるのは大変です。

筆順には8つの原則があります。まず、この原則を教え、一字一字の筆順については子どもに考えさせるのがよい方法です。

筆順の8つの原則と例

①横棒並びは上から下へ	三、工、言 など
②縦棒並びは左から右へ	川、林、州 など
③ふたは最後	口、国、田 など
④串を刺すのは最後	串、中、車、巾、女、子、毎 など
⑤中央の縦棒は最初	小、水、止、上 など
⑥十字架は横棒からが多い	木、草、土、生 など
⑦ 点は最後	犬、太 など
⑧払いや分かれは左から右	人、入、見、会 など

教科書の巻末に載っている漢字ページなどから、それぞれの原則に合う漢字を探します。画数の多いむずかしい漢字を選び、親子で筆順の当てっこを楽しむのもよいでしょう。筆順を予想し、辞書で調べたら当たっていた、というのはなかなか楽しいものです。原則通りのむずかしい漢字としては、「睦」「喜」「浦」などがあります。

ただし、この原則をあてはめられない漢字もあります。「飛」の筆順は、ほとんど原則では説明できません。「凸」「凹」「卍」など、特殊な文字も同様です。こうした漢字については、「ビューン、ピッピ。縦棒。にんべん。ビューン、ピッピ」（＝飛）などと、筆順を歌のように覚えるとよいのです。

また、ひらがなの「ら」と数字の5は、形が似ているのに、どうして筆順が違うのか、などをクイズにして考えさせてもよいでしょう。（答えは左欄外）

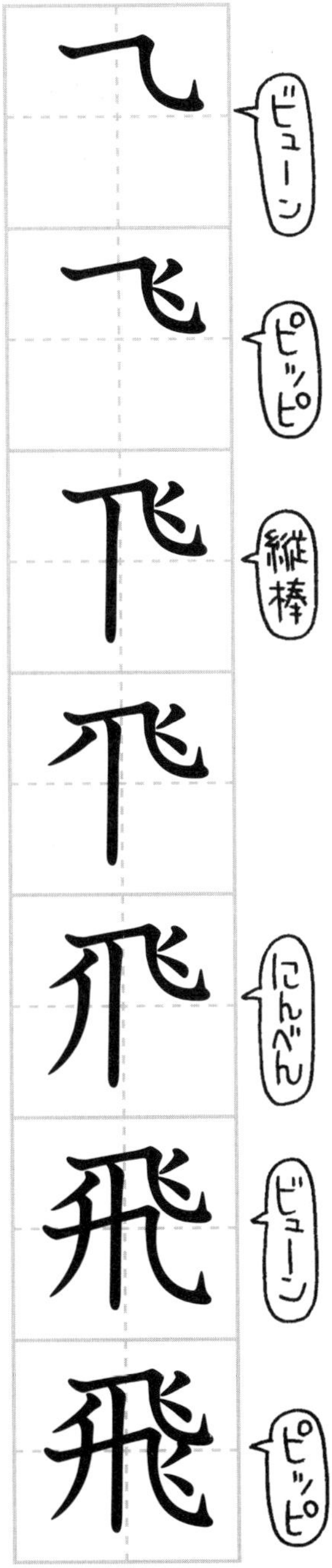

〈答え〉「ら」と「5」の筆順が違う理由～ひらがなは縦書きで書くことが多かったため、終点が下になるように。数字は横書きで書くので、終点が右になるように。

36

なぞり書きで文字を上手に

「うちの子、字が汚くて……」という悩みもよく聞かれます。親が口でいくら「ていねいに書きなさい」といっても、子どもはなかなかていねいに書けるようにはなりません。どうすればていねいに書けるのかわからないからです。

おすすめなのが「なぞり書き」です。大きめのマス目ノートを用意し、マス目に薄い線や点線でお手本を書き、その上をはみ出ないようになぞらせます。それをくり返すうちに、だんだんとマゲやハライ、ハネなどのタイミングが身につきます。

薄い色の蛍光ペンで書いてもよいでしょう。お手本を書きながら、字をきれいに書くポイントをゆっくりとした口調で子どもに伝えると効果的です。

また、親子でお互いに背中に指で文字を書き、当てっこ遊びをす

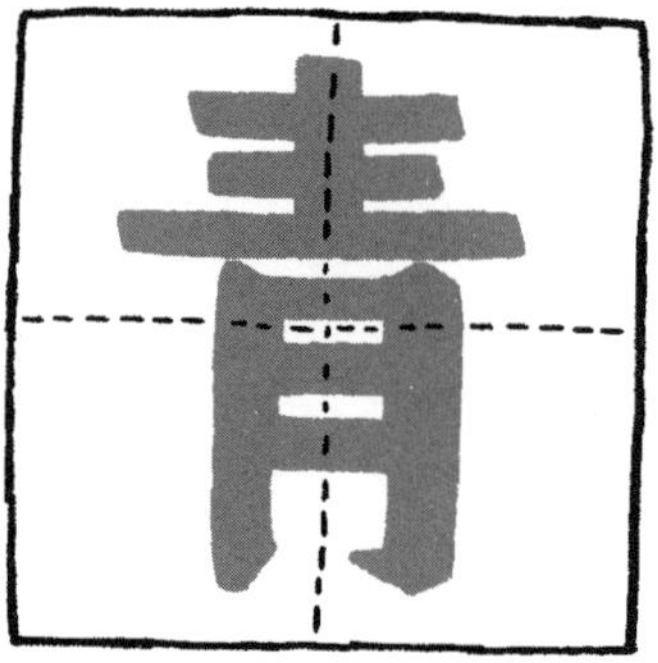

※上手になってきたら蛍光ペンの色を薄くしたり一部だけにする

るのも、文字に対する意識を高め、字形や筆順などが自然と身につくよい方法です。

たとえば「青」という字ならば
ヨコ、タテ…
上が大きくなると下の月が…
月はちゃんとはねてね
ゆっくり書くよー
なるほどー
上手い〜
ヨコ、タテ…
はみ出さずに書いたらひとつひとつの文字に大きな○を

37

算数は「9歳の壁」がポイント

小学校3年生になると、算数が苦手になる子どもが急に増えます。「9歳の壁」といわれます。なぜそんな壁が現れるのでしょうか。

9歳という年齢は、直感的思考から論理的思考へ、具体的思考から抽象的思考へ転換していく時期だといわれています。それに対応して、算数では、小学校3年生から4年生にかけて、直感では解決しにくい問題が出題されるようになります。

ところが、なかには論理的に考える力がまだ十分に育たないままこの時期を迎える子どもがいます。そうした子は、問題の内容自体がわからなくなってしまい、算数を苦手と感じるようになるのです。子どもが「問題の意味がわからない」と訴えたなら、「9歳の壁」に当たっているかもしれません。

「予防」が大事です。テレビの視聴時間を短くしましょう。そして、その分だけ本を読む時間と親子の会話を増やします。その上で、算数の問題文から、左のようにていねいにその数理構造を見つけさせるようにします。

2年生の問題	赤い花が12本、黄色い花が24本さいています。 花はぜんぶで何本さいていますか。
4年生の問題	1mの重さが20gの針金があります。 この針金1.8mの重さは何gですか。

①まず、問題をつっかえずに読めるようになるまで音読させます。

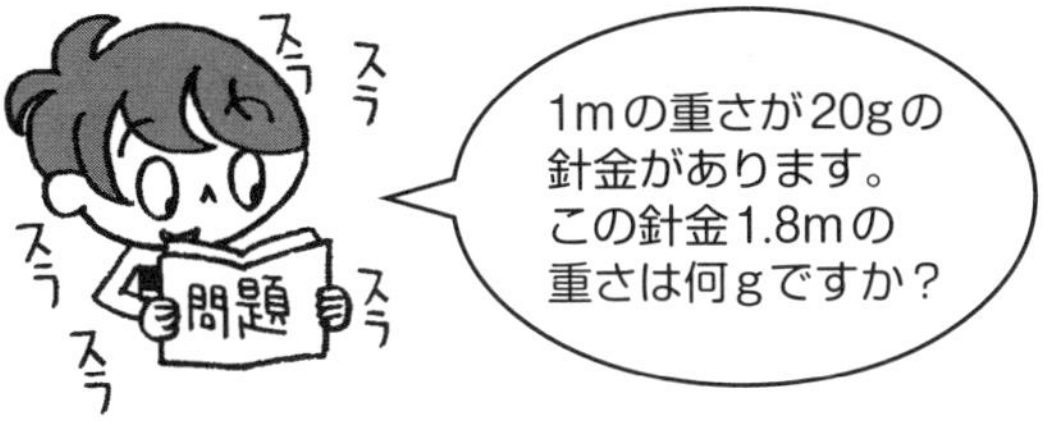

スラ
スラ
スラ
スラ
スラ
問題
1mの重さが20gの
針金があります。
この針金1.8mの
重さは何gですか？

②単純な数字に置き換えて考えさせる

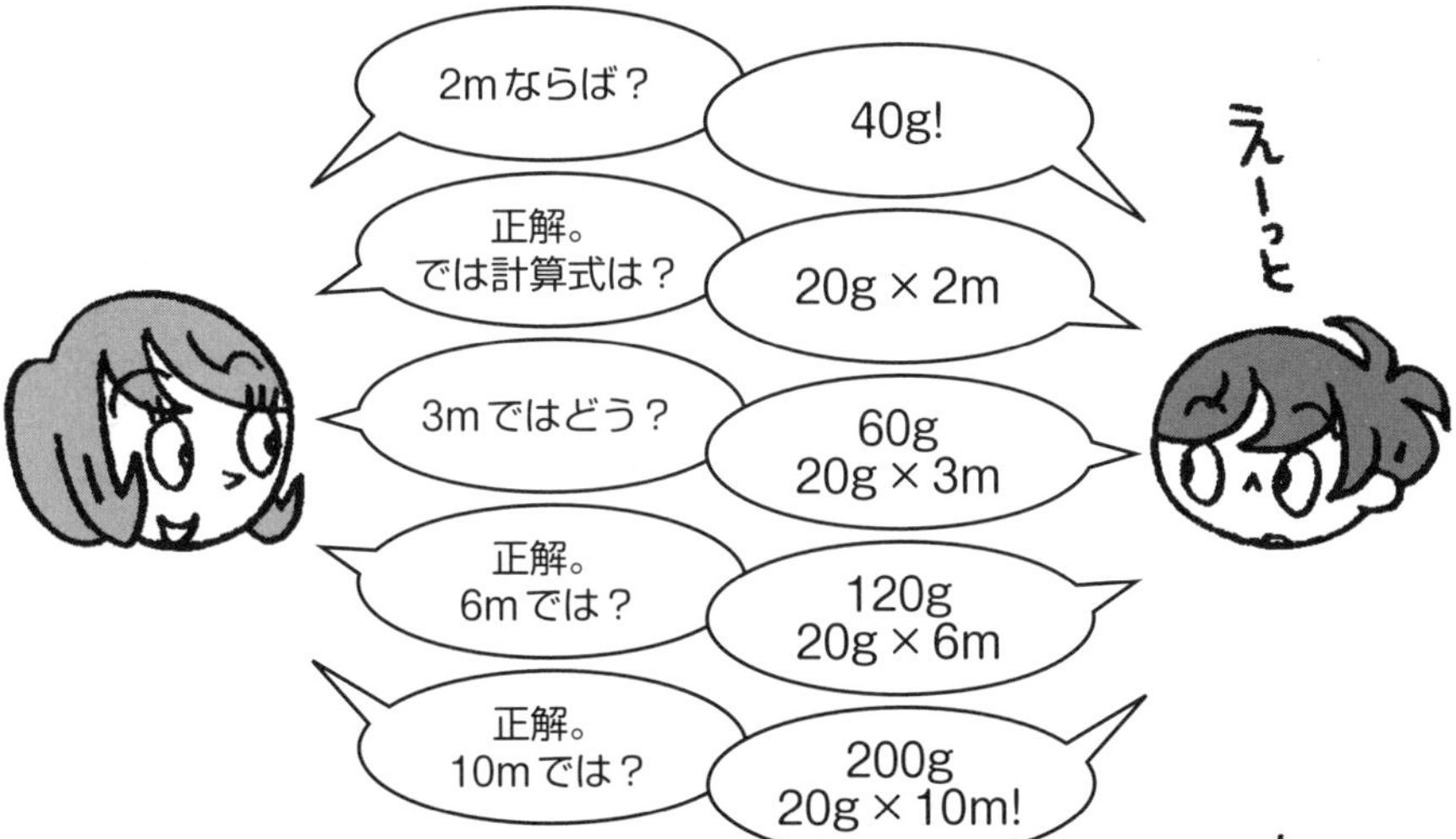

2mならば？
40g!
えーっと
正解。
では計算式は？
20g × 2m
3mではどう？
60g
20g × 3m
正解。
6mでは？
120g
20g × 6m
正解。
10mでは？
200g
20g × 10m!

③最後に問題文の通りの数字に戻る

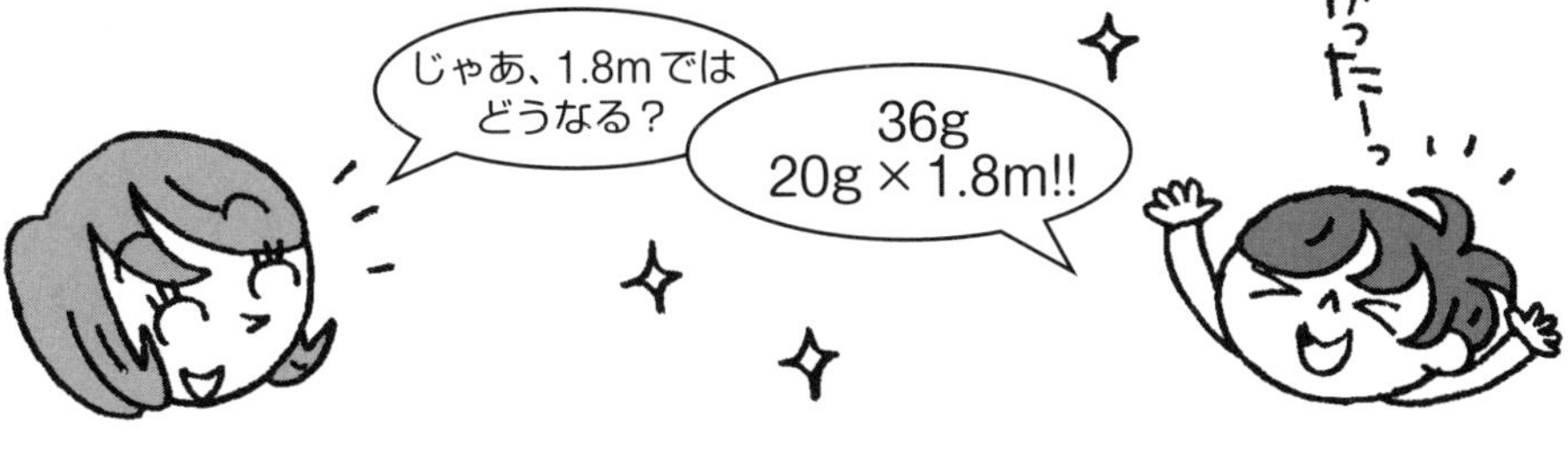

じゃあ、1.8mでは
どうなる？
36g
20g × 1.8m!!
わかったーっ

38 算数の問題はできるだけ実現してみる

> **3年生の問題** 花のたねが16こあります。3人で同じ数ずつわけると、1人分は何こになって、何こあまりますか。
> （3年生上・東京書籍教科書）

上の問題に苦戦する子どもに、いきなり「何算の問題だと思う？」などと聞いても、子どもはますます混乱してしまいます。

子どもが苦戦しているときには、問題の状況をできるだけ実現してみます。花のたねの代わりにマメなどを用意します。そして、「これを、花のたねだと考えよう。何個用意すればいい？」と質問して16個用意させます。つぎに、「3人に分けるのだから、お皿は何枚必要？」とたずね、お皿を3枚用意させます。

そして、マメを配らせます。1つずつ配っても、2つずつ配っても、いきなり5つずつ配ってもかまいません。どんな配り方をしても、いつも同じ答えになることをたしかめます。

文字だけで問題を解くほうがよいと思いがちですが、じつは問題の状況を頭に思い描くことなく、問題に出ている数値を適当に式にしているだけの子も多いのです。それよりは、問題の状況をしっかりと把握させたほうが、確かな力がつきます。問題が解けたら、マメはおやつとしていっしょにいただきます。ですから、マメは常備しておくと便利です。

また、「1辺が1メートルの正方形の面積を1平方メートルといい、1㎡と書きます。」（4年生下・東京書籍教科書）のような定義が出てきたときには、実際に古新聞などで、1㎡をつくってみると、実感をともなった理解が得られます。

こうした活動は教室でもおこないますが、家で同じものをつくると、意外に大きく感じます。こうしたことも貴重な体験です。

新聞紙で1㎡をつくってみたよ。思ったより大きくてびっくり！

算数の問題は抽象的で、文章からどんな状況なのかを思い浮かべることが意外とむずかしいものです。問題の内容を実現してみることで、問題の意味がしっかりとわかることが多いのです。

もともと、算数は生活のなかに問題を探したり、日常生活に応用したりすることが大事な教科です。問題状況を実現してみることで、日常の生活と数理を結びつける思考を鍛えることができるのです。

39

目だけでなく手を動かすと覚える

教科書を何度読ませても、なかなかポイントを覚えることができない……。そんなときには、手を動かすようにさせましょう。

じつは、教科書を読むことは、あまり効率のよい学習方法ではありません。目だけを使う学習は、目と脳の間しか刺激されないからです（84ページ参照）。しかし、手を使えば、手と目、手と脳、目と脳が刺激されるので効率がぐんと上がります。「手は外部の脳」「子どもの脳は指先にある」ともいわれます。手を動かして、楽しく学習することで、やがて読むだけでぐんぐん吸収する力も育っていきます。

●教科書に付箋《ふせん》を貼る

小さな付箋紙を渡し、「覚えなくてはいけないことばをかくしてごらん」といって、子どもがポイントだと思うことばを付箋でかくさせます。そして、かくされたことばを親子で当て合います。

忘れたら、付箋紙をめくって見てもいいことにします。ただし、最後には、付箋をめくらずに最初から最後まで読めるようにします。「ちゃんと読みなさい」と叱るよりも、子どもの集中力はぐっと高まります。

●カルタをつくる

部首を1枚の札に書き、その読みを別の札に書きます。読み札を読んで、部首の札を取るカルタ遊びをしたり、全部をバラバラに広げ、ペアをつくったりして遊びます。家族でババ抜きをするのも楽しいでしょう。

漢字のほかに、地図記号や歴史年号、都道府県の形と県名、国旗、算数の公式、暗算とその答え、かけ算九九、ことわざなど、いろいろなものに応用することができます。

カルタをつくるのは、少し手間がかかりますが、その労力に十分に見合う成果が得られます。何よりも、楽しく、親子仲よく学習することができます。

40

自由研究は一冊のスケッチブックにまとめる

夏休みの宿題の定番といえば自由研究です。歴史や科学などの分野からテーマを決めて調べたり、植物や動物の飼育・栽培記録を取ったり、工作や手芸、料理などの実技系の作品づくりに取り組んだりします。

そして、休み明けにそれをまとめて学校にもっていきます。カラフルな掲示物、工作物などで教室がにぎわいます。

ところが、じぶんの作品を説明する「自由研究発表会」では、どうも表情のさえない子どもが多いのです。作品をつくることだけを目標にしてきたため、その作品をどのように説明したらよいのかまで気が回っていなかったからです。また、作品をつくろうとした動機や、つくる過程での試行錯誤などをすっかり忘れていることも少なくありません。せっかくがんばってつくった作品について、きち

私の教え子の服部菜々子さんは、小学校2年生から卒業するまで、夏休みと冬休みに、スケッチブック作品集づくりに取り組みました。10冊のスケッチブックは壮観です。

んと説明できないのはもったいないことです。

そこでおすすめなのが、スケッチブックを1冊用意して、そこに「テーマ」「そのテーマに決めた訳」「調べる（つくる）計画」「どんな準備をしたか」「取り組みの記録」「達成や完成の記録写真」「感想」などを逐次記録していく方法です。写真を貼ったり、旅行先のパンフレットを貼ったりもできます。このスケッチブックだけでも立派な発表物ですが、別途模造紙にまとめてそれを掲示物とし、発表はスケッチブックを見ながらおこなうこともできます。

写真、パンフレット、切符の半券など、いろいろなものが貼られ、ひとつひとつにコメントが添えられています。

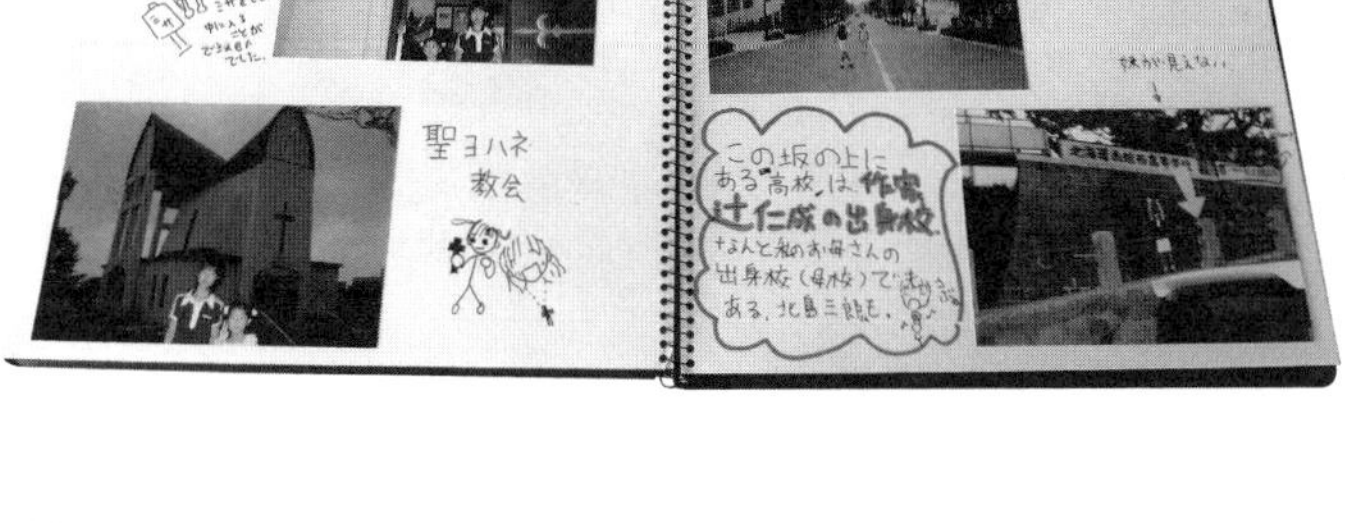

41

100円ショップを活用する

100円ショップで販売されているもののなかには、家庭学習に役立つものがたくさんあります。イラストの道具を「家庭学習の道具セット」（24ページ参照）に入れておくと便利です。

大きめのスケッチブックにプリントや作品などを貼って保存
SKETCH BOOK
2011年 4月～12月
のりやセロハンテープ、メジャーなどもすぐに出せるようにして効率アップ
覚えにくい九九や年号などの暗記は単語帳で！
筆記用具もいろいろな種類があります

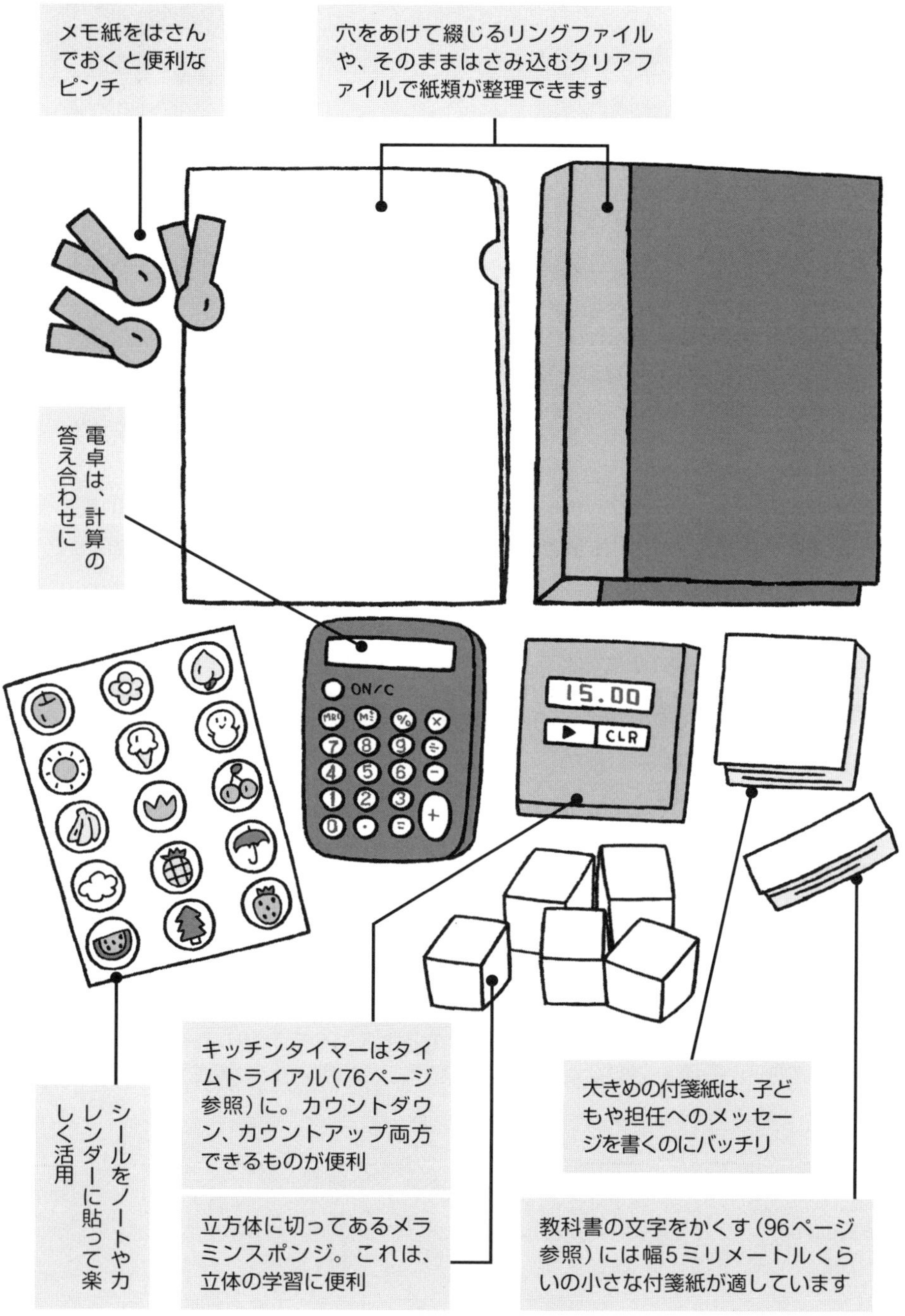
メモ紙をはさんでおくと便利なピンチ
穴をあけて綴じるリングファイルや、そのままはさみ込むクリアファイルで紙類が整理できます
電卓は、計算の答え合わせに
ON/C
15.00
CLR
シールをノートやカレンダーに貼って楽しく活用
キッチンタイマーはタイムトライアル（76ページ参照）に。カウントダウン、カウントアップ両方できるものが便利
立方体に切ってあるメラミンスポンジ。これは、立体の学習に便利
大きめの付箋紙は、子どもや担任へのメッセージを書くのにバッチリ
教科書の文字をかくす（96ページ参照）には幅5ミリメートルくらいの小さな付箋紙が適しています

ヨコさんのQ&A

Q 学習のことはもちろん、学校のことをなかなか話してくれません。少し話しても「やっぱりいい」とやめてしまうんです……。

A そんなときは、親の失敗談をユーモアを交えて話してみましょう。つられて話し出すかもしれません。無理に聞き出そうとすると、子どもはますます話さなくなってしまいます。

教訓話や立派すぎる話は逆効果です。「話さないのは無事なこと」と思って、子どもが自分から話してくれるのを待ちましょう。ただし、表情が暗い場合は、いじめなどのおそれもありますので、注意深く見守り、学校の先生に相談するなどしましょう。

Q テストの問題などに、平気であてずっぽうな答えを書いてしまうのですが…。

A これは、幼いころからものと数やことばを対応させることをきちんとしてこなかったために、その「対応力」が十分に育たなかった結果です。

私が受けもった1年生のある子は、10個のおはじきを数えさせると、毎回「7」とか「12」とか、適当に答えていました。そこで、ひとつひとつ指さしをさせて数えさせました。すると、口で「1、2、……」と数えるのと、指の動きがまったくばらばらなのです。これでは、正しく数えられるはずがありません。

そこで、ほかの子どもも誘い、休み時間を利用してその子どもと回り将棋をすることにしました。目の数だけ前進したり後退したりする遊びは、その子の「数とことばを対応させる力」を急速に育てました。少しでも間違えると、すかさず友だちから「違う！」と指摘が入りますから、とてもよいドリルになったのです。

このように、ことばとそれが指すものやその数とをていねいにつないでいくことで、むずかしい文章問題などに取り組む力が育ちます。回り将棋だけでなく、おはじき遊びやカルタ遊びなど、伝統的な遊びは、ことばともの（数）とを対応させる能力をじっくりくり返し育てる力をもっています。一方で、テレビや電子ゲームは、こうした対応能力を奪うことが多いので、要注意です。

習慣その

5 子どもをその気にさせるひとこと

「がんばって」「上手だね」「後でね」。ついいってしまうひとことが、子どものやる気をそいでしまうことがあります。子どものやる気を引き出すことばかけや取り組みを紹介します。

42

勉強することの意味を語る

子どもに「何のために勉強するの？」と聞かれたら、何と答えますか？

「勉強しないとテストでよい点を取れないでしょ」あるいは、「よい学校に入るためですよ」という答えでは、子どもは納得しません。それは、ひとつは「テストでよい点を取るため」や「よい学校に入るため」という遠い目標を達成するために、いま何をどのようにすればよいのかが描けないからです。そして、それ以上に「テストでよい点を取ること」や「よい学校に入ること」が、勉強の本当の目的ではないことを、子どもは直感的に知っているからです。

私は、自分の子どもにも、受けもったクラスの子どもたちにも、勉強することの意味をよくつぎのように語りました。

「勉強するのは、より豊かな人間になるためだ。いまより豊かな

私が考える勉強の意味

-
-
-

メモして、子どもに語りかけてあげましょう。

人間になって、いまよりもっとよい世の中をつくることのできる人間になるために勉強する。だから、勉強したことを使って人をだましたり、たくさんの人を傷つけたりするのなら、高校や大学へいってまで勉強なんてしないほうがよいと思っている。できるだけ早くにはたらいて、人の役に立つほうがよい」

「テストでよい点数を取るためにカンニングするなんて、まったく意味のないことだ。人と競争するのもよい。よい点数や順位を目標にするのもよい。でも、それは勉強の本質ではない。人に勝つことやよい点数を取ることを『目標』にしてもいいけれど、最終的な『目的』にしてはいけない」

「100点だったらうれしいのは当然だ。けれど、そのテストはもうあなたには意味のない紙切れに過ぎない。テストの点数が悪かったら、『しめた!』と思うようにしよう。×のついたところは、何をどうすればいいのかを教えてくれる宝ものなのだから」

「人を幸せにできる人は、自分のことが好きで、いまが幸せだと感じている人だけだ。勉強も同じで、よく理解している人だけが、ほかの人に教えてあげることができる。わかったことは、人にどんどん教えてあげよう。教えると損するって思う人がいるけれど、人に惜しみなく教えると、もっともっとよくわかってくるものだ」

こんなことを、折にふれて何度でも何度でも語りました。みなさんも、みなさんの考える勉強の意味や喜びを、子どもにたくさん語ってください。

43
「見て、見て！」が子どもを伸ばす

子どもは、よく「見て、見て！」といいます。縄跳びができるようになったら「見て、見て！」、新しいことを知ると「聞いて、聞いて！」といってきます。この「見て、見て！」「聞いて、聞いて！」は、子どもを伸ばす最高のチャンスです。

「馬を水辺につれていくことはできても、水を飲ませることはできない」ということわざがあります。子どもが「見て、見て！」「聞いて、聞いて！」というときは、大人を水辺につれていって、自ら水を飲んで見せてくれるということなのです。

「どれどれ、何を見せてくれるの？」と、子どもの喜びに寄り添って、手を休めて見てあげましょう。

ポイントは、その場では絶対にからかったり、「もっとこうしたほうがいいんじゃないの？」などと指摘したりしないことです。子どもは得意満面に、大人を喜ばせようとしているのです。それを否定されれば、深く傷つき、やがて何も見せたり、聞かせたりしたくなくなります。「いやあ、いいねえ！　見せてくれてありがとう」とまずは拍手を送りましょう。

「もっとこうすればいいのに」と思ったときには、時間をおき、子どもの気持ちが落ち着いたころ合いを見計らって、「さっき、見せてくれたことだけれど、もう一度見せてよ」と誘います。そして、「本当にいいね。でも、いま気づいたんだけど、○○○○するともっとよくなると思うよ」とおだやかにアドバイスします。そうすれば、子どもは、大人のアドバイスを冷静に受け入れることができます。

アドバイスはあとで
手は置いて聞いてあげましょう
うわぁ～いいわねっ
パチパチ
パチパチ
パチパチ

44

子どもの感動を受けとめてほめる

子どもが絵や習字など自分の作品を見せにきたとき、どのようなことばを返していますか。「ここは○○○○したほうがよい」「ここがまだまだ」などと、いつもマイナス点ばかりを指摘していては、子どもはやがて自分の作品をかくすようになってしまいます。

しかし、子どもがもってきたものはすべて「上手だね」とほめればよい、というわけではありません。「上手だね」はとても危険なことばでもあるからです。

「上手だね」とほめられれば、子どもはうれしい顔をしますが、同時に「絵や習字は上手にかかなくてはならない」と思うようになります。

本来、子どもの絵や文字は、内面からわき出る感動を筆や動きに託して表現されたものです。子どもは、その感動を伝えたくて見せたのに、表面的なできばえだけを評価されたのでは、寂しい思いをするだけです。

子どもの作文や絵などの作品は、すべて大人へのラブレターです。思いを込めてラブレターを出したのに、「字が上手ですね」と返事が返ってきたら、子どもはそんな返事ならもらわないほうがよいと思うでしょう。

「あなたのここの見方や感じ方がすばらしい」「この色合いが、お母さんも大好き」「何だか歌が聞こえてきそうな字だね」「いいねえ！　私の胸も温かくなってしまう！」などと、世界にただひとつの作品の価値を心で受け取り、心のこもったことばで評価しましょう。

45

やる気を引き出すことば・くじくことば

子どもは、親のちょっとしたひとことで、がぜん、やる気を出すこともあれば、反対に、意気消沈して、自暴自棄になってしまうこともあります。親のことばがもつ力はほんとうに大きいのです。

「満点取ったなんて、えらいね！」「あなたなら、○○くんに負けないはずよ」「がんばったね！」。

子どもがテストでよい点数を取ったとき、親はこのようにほめがちです。いわれた子どもは、その場ではうれしそうにするでしょう。しかし、これらのことばには、無意識のうちに「上から目線」で子どもを評価する親の気持ちが紛れ込んでいます。

子どもは親のそうした気持ちを敏感に感じ取り、「失敗したら（○○くんに負けたら）、もうほめてもらえないのではないか」という不安を感じます。場合によっては、「お母さんは、ぼくがよい点数を取ったときしかうれしくないのだろうか」という親への不信感すら抱きかねません。

大切なのは、子どもが自分の存在に絶対的な自信をもてるようにうながすことです。それには、「どんなときも、私たち（親）はあなた（子ども）の味方である」というメッセージをシャワーのように浴びせつづける必要があります。

たとえば、下のようにいい方を変えてみると、子どもの受け取り方はかなり違ってきます。「上から目線」ではなく、親の率直な感想が伝わり、子どものやる気が引き出されます。

満点取ったなんて、
私もうれしいなあ
このあいだよりも、
ずいぶん
上達したわ
あなたのやる気に、
お母さんも
勇気をもらえるわ

46

「わからない」といわれたら「しめた！」と喜ぶ

「学校から出された宿題がわからない」と子どもがいったとき、最悪なのは「ほかの子はちゃんとわかるはずよ。これがわからないのは、あなたがちゃんと授業を聞いていないからでしょう！」と責めることです。こんなふうに叱ってしまっては、子どもはいっぺんに勉強、教師、そして親のことが嫌いになります。

「わからない」といわれたら「しめた！」と喜びましょう。本心から喜べなくても、喜ぶふりだけでもしましょう。そして、「どれどれ」と、いっしょにその問題をよく読んでみるのです。

そして、「どこがわからないの？」とたずねます。

しかし、わからないときは、得てして「どこがわからないのか」がわからないものです。

　そんなときは、問題文を頭から読んでいき、区切りごとに「ここはわかる？」と確認します。理解できた部分にはアンダーラインを引くなどします。

　計算問題なら、数値をわかりやすいものに変えて、徐々に宿題の数値に近づけるのもおすすめです。国語の読み取りは、まずは問題文をしっかりと音読すること。漢字や熟語などの問題は、さっさと教科書から正解を探し出して、どんどん練習することです。こうした具体的な取り組みを親子でいっしょにすることで、子どもはますます勉強が、そして親のことが大好きになるでしょう。

　それでもわからないときには、「あした先生に聞いてみましょう」と切り上げることです。子どもを責めるよりもずっと生産的です。

47

点数はおまけと考えて通知表は出欠欄から見る

子どもからテストや通知表を渡されたら、まずどこを見ますか？　テストなら点数、通知表なら「たいへんよい」の数を見るという方が多いのではないかと思います。だれしも結果が気になるものですし、その結果は数値で見るのがいちばんわかりやすいのですから、自然なことだと思います。

しかし、そこをぐっとこらえて、見ない「ふり」をしましょう。点数や「たいへんよい」の数は、最後のおまけ程度に考えるのです。

通知表なら真っ先に欠席の日数を見ます。「あら、今学期は3日しか休まなかったね。健康で何より」。このひとことで、子どもは安心します。

つぎに生活面の所見（文字で書かれたところ）を見ます。「先生は、あなたのこんなところを認めてくれているね。お母さんもうれしいな」

そのつぎには、係や委員会のところを見ます。「この係、がんばれた？　そう、みんなの役に立てたなら何よりだわ」

そして最後に、教科の成績の欄を見ます。ただし、「『たいへんよい』が○個もあったからゲームを買ってあげる」などと、おおざっぱな結果だけを見て一喜一憂するのではなく、「国語は、話すのはよいけれど、書くのが少し苦手のようだね。じゃ、家でも日記を書くようにしてみようか」というように、各教科を詳しく見ていきます。

そもそも、テストや通知表は「最後通牒」ではありません。あくまでも、長い教育過程における「中間報告」であり、反省すべきは反省してつぎに活かすためにテストや通知表はあるからです。

48

似顔絵や天気マークで心を通わせる

私は、教師として駆け出しだったころ、自分の似顔絵マークを考え、3秒くらいで描けるように練習しました。

そして、これを子どものノートなどを点検した際の印として使いました。基本はにっこりマークで、そこに「おめでとう」や「がんばったね」などのコメントを添えましたが、場合によっては表情を変えて、「おしい」「しっかりせい！」そして「こら！」などとコメントを添えました。テストの点数欄に描いたこともあります。大好評でした。

それを、あるお母さんがまねしました。子どもの家庭学習ノートに、自分の好きなネコのイラストを描いて、コメントを添えたのです。それは、子どもたちの口コミですぐに広まって、複数のお母さんが試しはじめました。すると、イラストとコメントをもらった子どもたちは、みんな家庭学習にとても意欲的になりました。

似顔絵マークを鉛筆対談（74ページ参照）に使って、紙上の会話をはずませた家庭もあります。家族の個別の似顔絵を考え、カレンダーにそれぞれの予定を似顔絵で書きわけた家庭もあります。このように工夫がつぎつぎに生まれました。

子どもにも描かせました。そのときの気分を天気マークで表し、授業内容がよくわかったときには、お日さまから「わかったよ～」とコメントをさせるなどしました。

楽しいマークを考え、いろいろな場面で使ってみましょう。

おしい！
しっかり！
こら！
わかったよ～
ちょっともやもや
ガーン!!

49

テレビやマンガを活かす

学習できる子に育てようと思うなら、テレビやゲーム、マンガを制限するべきです。

しかし、テレビやマンガも活かし方次第で、子どもをよく育てるものになります。たとえば、紙と鉛筆を用意してクイズ番組を見るとか、科学番組や紀行ものを途中親の体験談や感想を交えて見るとかするのは、とても効果的です。番組の中の地名を地図帳や地球儀で探すとか、ことばを辞書で引くとかすることで、知識や語彙が豊かになっていきます。

お笑い番組などは、「この台本を書いた人は、かなり計算しているね。それをこの司会者は、じつにしっかりと理解してアドリブをきかせている」とか「いまの笑いは、ひとりの弱い人を複数でいじっている。お父さんは、こういう笑いは嫌いだ」などと評価したりすることで、無批判に番組を受け入れてしまわない目を育てることもできます。

マンガも、同じように感想をいい合ったり、「ワイパーって描ける？　描けないよね。でも、そういうところをきちんと描き切るのが、プロの漫画家なんだよね」「このコマ、ほかの四倍くらい大きいでしょう。これは、ドラマでいうとクライマックスだね」などと教えたりすることで、見る目が違ってきます。

テレビ番組やマンガの感想を、「鉛筆対談」（74ページ参照）で語り合うのもおすすめです。

要するに、情報を表面的・一方的に受け入れるだけにしないということです。

50 がんばったら「おいしい時間」を楽しむ

子どもが家庭学習をよくがんばったときには、ごほうびをあげたくなるのは自然なことです。さて、どんなごほうびにしたらよいでしょうか？

よく、ゲームソフトを買い与えるとか、コミックを買い与えるなどの例を見聞きします。しかし、私は、子どものがんばりをものに置き換えるのには反対です。ものを与えられた子どもに、即物的な価値観を植えつけてしまうおそれがあるからです。「毎日1時間ずつ勉強したら、ゲームを買ってくれる？」などという交渉がはじまるかもしれません。それは、裏返せば「ゲームを買ってくれないなら、勉強してあげない」ということです。

私が、多くの保護者の方々におすすめし、喜ばれたのは、子どもと「おいしい時間」を楽しむことです。

たとえば、ケーキなど、いつものおやつよりも少しだけ（この「少しだけ」が大事です）豪華なおやつを用意し、親子でいっしょに（「いっしょに」も大事！）食べるのです。ジュースで乾杯などをするのもよいでしょう。

「このノートを、最後まで使い切ったら、お祝いに『おいしい時間』にしようね」と約束しておき、「きょうで最後のページまでいくよ」と子どもが知らせてきたら、ケーキを用意します。いっしょに買いにいってもよいでしょう。夕食に一品、子どもの大好物を追加するのもよいでしょう。

ただし、「おいしい時間」にゆっくりと子どものがんばりを振り返るためには、外食ではないほうがよいでしょう。

ヨコさんのQ&A

Q 両親ともに高卒です。ですから、教えることも、身をもって示すこともとてもできません。

A 私の父は、旧制中学（現在の高校に相当）しか出ていませんでした。しかし、私は「お父さんはすごい」と子ども心にずっと思っていました。

分度器の学習がはじまったとき、私は文房具店で分度器を買って父に見せました。すると、父は「こんなのもあるんだよ」と、自分の机の引き出しからさりげなく全円分度器を取り出しました。「これ、どうやって使うの？」と聞くと、「180度以上の角度を測るのに便利なんだよ」と、広告の裏に角を描き、測って見せてくれました。そして、「半円の分度器も同じように、測りはじめの線と角の開きはじめの点をしっかりと押さえることが大事なんだ」と教えてくれました。

コンパスを見せたときには、「これは『ぶんまわし』ともいう」といいました。父はよく冗談をいう人でしたので、うそだろうと思って聞いていると「ほんとうだよ。辞書を引いてごらん」。まさかと思いながら引いてみると、「コンパス」とあり、びっくりしました。

このような思い出がありますので、教師になってからは、担任した学年で使う学用品について辞書を引いて調べたり、文房具売り場で珍しいものを探し出して買ったりしました。そして、それを授業の合間に子どもたちに教えたり見せたりしました。学歴のない父の、形のない贈り物だと感謝しています。

私の座右の銘は「進みつつある教師のみ人を教ふる権利あり」です。これは、親でもまったく同じことです。学歴、学力、人格はまったく別のものです。進みつつあるすてきな親であってほしいと心から願っています。そして進もうとしている人を、いつも応援しています。

あとがきにかえて

保護者の相談に乗っていると、かならずといってよいほど「つい怒ってしまうのです」「このあいだ、ひどいことばを投げつけてしまったんです」という悩みを打ち明けられます。そんなとき、私は「怒ってしまうのは、悲しいからなのですよ」と伝えます。

こういいますと、みなさん「え？　悲しいからですか？」と不思議そうな顔をされます。

じつは、怒りは悲しみが形を変えたものです。子どもがやる気を見せない、あるいはいくら教えても一向に理解できないときに、親は子どもを伸ばしてやれないことを悲しみ、自分自身の無力感を感じたり、自分が幼少期に感じた心の痛みを思い出したりします。そして、その悲しみが怒りへと形を変えるのです。

しかし、親の怒りは子どもには自分に向けられた憎しみとして伝わります。その結果、子どもは恐怖し萎縮するか、反発するか、無視するか、逃げ出すかしかありません。そんな子どもの姿を見た親は、ますます悲しみを深め、怒りがエスカレートします。

子どもにとっても親にとっても、こうしたマイナスの連鎖を断ち切る必要があります。

そのためには、「だいじょうぶ！」を口ぐせにしましょう。「子どもが自分から勉強しない……。でもだいじょうぶ！」「理解力がない。でも、いつか伸びる。だいじょうぶ！」。そして、「こんなふうにいえる私も、だいじょうぶかも！」と声に出すことです。

子どもを叱らないと、そのまま成長せずにだめになってしまうのではないかと心配になるかもしれません。でも、ほんとうにだいじょうぶです。悲しみと怒りのメッセージの代わりに、「いまのままのあなたが大好き」「何かにチャレンジしようとするあなたってすごい！」という温かな希望のメッセージを伝えつづければ、子どもはやがてかならずよい方向に動きはじめます。そして、それは親であるあなたの自分自身への自信を強めます。

ただし、すぐにではありません。大きな石はなかなか転がりません。大きなやかんの水はなかなか温まりません。大きな可能性を秘めた子どもが変化するにも時間がかかります。でも、石は転がりはじめれば止めるのがむずかしいほど勢いが出ます。やかんの水も熱くなりはじめたと思うと、意外なほど早く沸騰します。なかなか変わらなかった子どもも、気づけば変わっているはずです。この時間差を楽しむつもりで取り組みましょう。

子どもの成長は直線ではなく、曲線を描くことも、ぜひ知っておきたいことです。「昨日できたことは今日もできてあたり前」「昨日50できたのだから、今日は60できなくては」と思い込むからいらいらするのです。また、「昨日できたことが今日できないと、そのままどんどんだめになってしまうのでは」と不安になってしまうのです。

子どもは曲線を描きながら成長します。昨日できたことが今日はできなくなるのが当たり前です。ジャンプする前には一度しゃがまなくてはなりません。でも、しゃがんで力をたくわえればまたジャンプできます。しゃがんでいるとき（伸び悩んでいるとき）こそ、親は励まし、待ってやることが大事です。

思ったように子どもが伸びないときには、「今回のしゃがみ込みは、前回までよりもずっとレベルが高いぞ。この後ぐんと伸びるかもしれない」と期待を込めて待つことです。私は、できたりできなかったりしながら波のように曲線を描いて伸びていく子どもこそが、ほんとうに魅力のある人間に育っていくのだと思っています。子どもを信じてはたらきかけつづけ、「だいじょうぶ！」と明るい気持ちで子どもの成長を待ちましょう。

本書では、子どもを責めず、親も自分を責めずにすむ、家庭学習の具体的な指導方法を盛り込みました。これを参考にして取り組むことで、まず親が自分自身への自信を深めてほしいと思います。そして、子どもの「ありのままの姿」を認めながら、明るく、そして楽しく、家庭学習に取り組んでいただければと思います。

家庭学習が原因となって、暗くさびしい家庭に陥るのでなく、子どもも親もともに育つ、明るく楽しい家庭が生まれることを祈っています。

２０１２年２月　札幌市立羊丘小学校校長　横藤雅人

家庭学習10のべからず

1 「勉強しなさい」と叱るべからず

「勉強しなさい」と叱って子どもを机に向かわせても、成果はほとんどない。むしろ「勉強はいやなもの」「自分はだめななまけもの」「お母さん、嫌い」と逆効果になる危険性が高い。

2 テレビをつけっぱなしにするべからず

情報のたれ流しは、理解力、粘り強く考える力、立ち止まる力、自分からはたらきかける力を子どもから奪うだけである。

3 たたく、怒鳴るべからず

たたかれたり、怒鳴られたりして育つのは、「自分はだめな人間である」という思いと、他人への恐れだけである。

4 「どうせむり」というべからず

このことばで子どもは発憤などしない。悲しみから反発するばかりで、子どものやる気をくじく最悪のことばである。

5 孤立させるべからず

子どもを子ども部屋に放置すれば子どもは孤立する。近くで見守り、よくほめて少しずつ自立させていくこと。

6 ごほうびでつるべからず

ほうび・報酬がなければやる気を出さない人間になる。学ぶ喜びを知らないままの人生を送るようになる。

7 何でも「上手だね」を連発するべからず

絵や作文は上手にかくものではなく、心を素直に表現するもの。結果だけを重視する「上手だね」は素直に伸びようとする心をつぶすことが多い。

8 競争をあおるべからず

「○○くんに負けるな」というのは、子ども同士の心の通い合いやつながりを断ち切る。きょうだいの比較もしてはいけない。

9 家庭学習を最優先にするべからず

家庭の手伝いや家族の中での役割をきちんとこなせない子どもは、勉強はできても自立はできない。

10 進学などのプレッシャーをかけるべからず

プレッシャーをかけても、ほんとうのやる気など起きない。失敗への恐れが強まり、つぶれる危険性が高い。失敗したときの反動も怖い。

■著者紹介
横藤雅人（よこふじ・まさと）
1955年、北海道留萌市生まれ。
札幌市立羊丘小学校校長。
学級経営や生活科、総合的な学習の時間を中心に研究している。北海道教育大学卒。
学級経営論や授業方法について教師向けの講演のほか、自校・他校での授業公開などを積極的におこなう。また、保護者向けに家庭教育のあり方や学校との連携の仕方などについての講演も多数。
［おもな著書］
『子供たちからの小さなサインの気づき方と対応のコツ』（2006年／学事出版）、『学級経営力・低学年学級担任の責任』（2006年／明治図書）、『小学校学級担任12カ月　低学年』（2008年／ひまわり社）、『明日の教室　第5巻』（2009年／ぎょうせい）、『イラスト版からだに障害のある人へのサポート』（2010年／合同出版）、『必ずクラスがまとまる教師の成功術！』（2011年／学陽書房）ほか多数。
［ホームページ］
「共に育つ」 http://www3.plala.or.jp/yokosan/

5つの学習習慣 驚くほど子どもが勉強しはじめる

2012年3月15日　第1刷発行

著　者　横藤雅人
発行者　上野良治
発行所　合同出版株式会社
　　　　東京都千代田区神田神保町1-28
　　　　郵便番号　101-0051
　　　　電話　03（3294）3506／FAX　03（3294）3509
　　　　URL　http://www.godo-shuppan.co.jp/
　　　　振替　00180-9-65422
印刷・製本　新灯印刷株式会社

■刊行図書リストを無料送呈いたします。
■落丁乱丁の際はお取り換えいたします。

ISBN978-4-7726-1020-9　NDC376　210×148